谨以此书献给在一线房地产行业辛勤
工作的同仁们，还有我的好朋友们！

作者的母亲

作者生活照

作者生活照

作者生活照

作者生活照

作者生活照

作者生活照

逆向而生：
我的职业提升之路

李启畅 ◎ 著

吉林出版集团股份有限公司

图书在版编目（CIP）数据

逆向而生：我的职业提升之路 / 李启畅著 . -- 长春：吉林出版集团股份有限公司 , 2022.4

ISBN 978-7-5731-1396-2

Ⅰ . ①逆… Ⅱ . ①李… Ⅲ . ①职业选择—通俗读物 Ⅳ . ① C913.2-49

中国版本图书馆CIP数据核字(2022)第055519号

逆向而生：我的职业提升之路

著　　　者	李启畅
责 任 编 辑	陈瑞瑞
出 版 统 筹	齐　琳
封 面 设 计	晴海国际文化 设计师丁佳毅
开　　　本	880mm×1230mm　1/32
字　　　数	126千
印　　　张	6.125
版　　　次	2022年4月第1版
印　　　次	2022年4月第1次印刷
出 版 发 行	吉林出版集团股份有限公司
电　　　话	总编办：010-63109269
	发行部：010-63109269
印　　　刷	天津中印联印务有限公司

ISBN 978-7-5731-1396-2　　　　　　　　定价：59.90 元

目 录

序:

我，以我所行过的销售之路与你分享

　　11 年前，我从北京的一所三本院校毕业，进入房地产行业。就此，从一名基层房产销售做起。

　　我在地铁站摆过广告牌；在三环路上贴过牛皮广告……

　　年复一年，日复一日，我和其他房产销售员一样站在售房现场等待客户的来临。但是，我又和其他房产销售很不一样。在做房产销售员期间，我曾连续获得年度销售冠军，疫情期间带领团队完成了近 400 套销售任务。

　　列举这些数字，并非为了炫耀，而是为了证明，证明在这本书中我所介绍的方法和建议，皆是实践之后的心得。

　　凭着这些战绩，我从一名房产销售人员做到管理岗位。我也曾把自己的经验教给了团队里的小伙伴，他们都因此改变了自己的职业状态，成了业界小有名气的销售。工作起来，亦个个有自己的一套，原来以为无法成单的客户，可以轻轻松松成交；原来处于四处寻找客户的状态，现在常常是客户来找他们；原来跟客户是焦灼的敌对状态，现在跟客户站在了一起。

以前的我，是一个人在实践自己的售房法则。现在，是整个团队在践行我总结过的那些售房法则。而由团队创造的业绩，更让我坚信自己所行经的销售之路是有效的。

所以，我拿起笔，开始记录自己所行径过的销售案例，并以此总结、分享自己的经验、方法……在这里，我绝不说鸡汤，也不打鸡血，我只说我成功的法则。

对于房产销售行业，我承认我是有情结的。

所以，我亦始终保有一份初心，那就是想让所有从事这个行业的销售人员，不再走错误的路，从弯路步入正轨，让销售不再有难题，让成交都有效。

确实，这个行业，门槛低，从业人员的资质高低皆有。

但是，凡事都有路，凡事皆有路径，就看如何去趟、去走。是披荆斩棘，还是乘风破浪？其实，都有迹可循。

我亦承认，这个行业有短板，公司文化、同事格局、客户层次……皆会成为成单路上的羁绊。但是，我的房产销售同行要切记的一点是：一定不要选择一条墨守成规的路，每日陀螺一般地说着千篇一律的话，干着千篇一律的活。按部就班，对于任何工作而言，都是最轻易的。但是，也是最能抹杀一个人的天分的。

或许，我们刚刚入行时，没有足够的学识、行业知识让我们自信、驾轻就熟，但是，我们可以从自己的修养、言行举止、仪容仪表等细节方面开始改变。相信我，当你改变了这些，你会发现另一个开阔天地。

然后，你亦不可掉以轻心，以为简单的外表修炼，就可以于工作中炉火纯青。

这路，长又需要坚持，还需要内外兼修。

所以说，除了外在仪表的修炼，作为一名合格的房产销售，我们需要修炼的还有一颗真诚的内在同理心。

待客户以诚，站客户所想，如此，你才是一名真正优秀合格的房产销售。

因此，工作之余，我一直做着房地产销售培训工作。

我始终觉得，每一份工作都有它存在的意义和价值，房产销售也是如此。

日后，我希望每位地产销售人员都能找到自己的初心，能被每一位客户尊重、被领导认可、被公司重视、被社会看得起；亦希望每一个基层的房产销售，在一个不需要高学历的行业里面，仍可以通过自己的努力在社会上活得体面；更希望，经由我的经验减少他们摸索的时间，使其快速在行业站稳脚跟，每个月不再面对因业绩而随时被淘汰的困扰。

我也希望他们在客户和领导面前，可以大胆地讲出自己内心的真实想法。于领导面前，不再觉得自己没有业绩就抬不起头，可以是平等合作关系；于客户面前，不再卑微，可以是平等交易关系。

所以，希望所有房产销售人员，通过有效法则让自己获得更好的成就和自我肯定。

　　如此，在行业里可不卑不亢，所向披靡，成为更好的自己!

　　亦因为此，我利用一年多的时间写了这本书。

　　时光不老，未来可期。

　　共勉之!

2021.08.18　晨晓

李启畅

第一章　我的故事

一年四季，我最喜欢秋天，树木染上五彩缤纷的颜色，果实经历风雨有了成熟的香气。在这个星球上，我也像一粒结果子的种子，破土而生，有时沐浴阳光，有时经历风雨洗礼，坚持着内心的声音，在时光里生长出我自己。

我想成为保护母亲的人

我，是单亲家庭长大的孩子，自出生起就一直跟着母亲生活。

母亲，是一个非常有趣也很爱自由的人，她很少与人起争执，说话温和。年轻的时候，她是公认的美人胚子，皮肤白皙，身材苗条，瓜子脸，大眼睛，高鼻梁……并且，工作也好，收入很是可观，可以经常和同事们飞去广州和深圳买衣服、化妆品、高跟鞋……

不过，这些都是在她结婚前。

结婚后，一切与非。

人们常常说，女人可以活得很美、很潇洒，但往往会被不幸的婚姻牵绊。

我的母亲，不幸被言其中。

在我很小的时候，我的父母离婚了。其间缘由，我一直不得而知，但是，我记忆深刻的是这之后的岁月。

母亲生我的时候已经36岁，是高龄产妇了。

在我小时的记忆里，母亲比我同龄人的母亲年纪大很多。我上小学时，母亲已经四十多岁，同龄人的母亲都还不到三十岁，那时，小小的我就开始惧怕她的衰老了，内心有一个特别急切的愿望：想快速长大去保护她。

父母离异时，我被判给了经济条件比较富裕的父亲，但是，小小的我却主动跟法官讲要跟妈妈一起生活，因为我从小就没有和父亲一起生活过，于我，他是个模糊的影子。

只是，生活是一面残酷至极的镜子，所有的苦、痛都会被照得特别清晰。

母亲一个弱女子，年龄亦大，养育我辛苦自不必多言。所以，我自懂事以来，就不愿母亲为养育我而过于奔劳。我的所有开支都要父亲来承担，就此，每月找父亲要生活费的噩梦，也开始了。

父亲，自是有父亲的一套活法。

每次去要生活费，我都会与父亲爆发一场撕心裂肺的争吵。也正是因着这样的经历，我开始暗自坚强。

并且，每历经一次，就坚强一次！

所谓越挫愈勇，是为我这般。

记得有一次我竟然从父亲那里要来一沓子的钱。

这，是从未有过的。

于是，幸福的我边跑下楼边大喊着"我有钱了"，并且冲到马路中间潇洒地招手打了辆出租车回家。我是想让母亲看看我的"厉害"。不过，母亲素来善良且理智，温柔地跟我说："凡事儿要有度，不要做过分的事儿。"

这就是我的母亲，我良善的母亲，让我心疼不已的母亲。

当时我就躲到了自己的小屋里号啕大哭了起来，内心要保护母亲的心就更深切。我想快快长大，长成一个钢铁一般的人，来护我母亲，免她惊、免她苦、免她无枝可依。

亦舒曾在《喜宝》中如是说："我一直希望得到很多很多爱，如果没有爱，就要很多很多的钱，如果两者都没有，至少还有健康。"

看到这句话时，我热泪盈眶，深觉其理。

不过现在，我也开始渐渐理解了父亲，理解他的不易和为难，理解他不曾多多表达的挂念与担心。虽然父亲对我和母亲未曾有太多陪伴，但我还是从内心深处感谢他，感谢他把我带到这个世界。这也许就是父亲永远无可替代的原因吧！

不过坦白说，在我的成长里，这段讨要生活费的记忆终究在我心里形成了如河流冲积土地后留下的深深印记，是贫瘠的、丑陋的；抹不掉、挥不去，只能等时间慢慢平复。

生活，是不易的。

从来都是！

我高中时的成绩一直都不理想，那段时间，母亲担忧我的学业和未来等问题，每天都很焦躁。

此际，她已经五十多岁了，两鬓悄悄生了几缕白发，望着日渐衰老的身影，我心里无比心酸。可是，我毕竟是个孩子，犹如困兽般彷徨。时常，我会觉得有一座山，压在我身上，看不到自己的未来，又担忧母亲的晚年生活，所以我每天躲在房间哭泣。短短两个月的时间，我进了医院，被诊断为轻度抑郁症。

这一年，我 17 岁。

起初，父亲欲送我去新加坡留学，但是，由于一些原因，未果。

幸好，服药一段时间后，我的情绪有了好转。而高考的结果还不算太坏。闷热的暑假很快结束，我也成功地步入了大学。

生活，总算一切步入正轨。

整个大学期间，无多是非，我顺利地拿到了毕业证。

这一年，母亲已经 57 岁了。

我一心想着可以给她好的晚年生活，一入社会就信心满满，干劲十足。

我的大学同学们大都回了老家，一毕业就过上了按部就班的稳定生活。留在北京的小部分同学，也多进了人们眼中的好企业，每天进出望京、国贸、金融街的高楼大厦，开始规划都市小白领的生活。

然而，这些按部就班带来的安逸、光鲜亮丽包裹的舒适，对我没有丝毫的吸引力。

我觉得，大家都在做一件事情，太没门槛，太没挑战。

如此，骨子里喜欢挑战，不喜欢走寻常路的我，选择了一份大家都看不上的行业——房产销售。

幸而，母亲想法比较前卫，跟她进行了一番耐心的沟通后，她选择尊重我的选择。

她说："只要工作开心，是自己喜欢的就好。"这是母亲对孩子的支持。而她，之于我成长路上，亦从未强迫过我去做自己不喜欢的事情。

书写《荷马史诗》的奥利弗·荷马曾如是说："青春会逝去，爱情会枯萎，友谊的绿叶也会凋零。而一个母亲内心的希望比它们都要长久。"

有母亲如此，于我是最幸之事。

人常说："一个人的人生路线，在童年时就已经定下了轨迹。"

我想，我的童年，因着母亲的缘故，获益最多。在我的学习、成长的过程中，母亲一直扮演着至关重要的角色，她让我感念至深，亦让我心生要保护她的执念。如此，我想要赶紧长大，变得坚强、变得强大，站在她前面替她抵挡所有风雨，就像小时候她站起来保护我一样，这成了我最大的信念！

也就此，我才成为一个最好的自己。

感念，此生有母亲如此！

我选择进入房地产的 N 个理由

进入房地产行业，真是个缘分。

刚毕业那一年的夏天，北京 37 度高温，地面上的灼热透过皮质鞋底催促着和我一样的毕业生们。

我和同学每天拿着简历到处面试，一天要面试 N 家公司，像努力奔向战场的勇敢战士。

不过幸运的是，最后我被一家大公司录取了。

在所有面试过的公司中，这家公司是给我感觉最好的。

我清楚地记得，进入公司大门，入眼的是工业风加轻奢风的装潢，当时我就默默在心里给它加了 3 分。戴眼镜的 HR 小姐姐，先让我用英语做了一个自我介绍，后又问我是什么星座，恰巧我对星座十分感兴趣，一番聊下也甚愉快。

当下，我即感觉很好。

出公司大门不久，我就接到了 HR 小姐姐的电话，她说有一个更适合我的岗位，不过需要我马上返回去面谈。可是，此刻我已经坐上公交车了，最重要的是我跟同学已约好在其他地点集合，眼看时间就快到了。

电话里 HR 小姐姐应该听出了我的犹豫，于是补充说这个职位是总经理秘书，底薪 8000 元，因需要常出差，若是加上出差补贴，差不多能月入到万。对于刚刚毕业的我来说，这个收入可谓有极大的诱惑性，且出差对我也是个不小的诱惑。

所以当时我就准备立马折返，可就在彼时，同学的电话来了，说他已到地点，问我什么时候到。

支吾之中，我还是决定先赴同学之约。所以，挂断同学电话后我拨通了 HR 小姐姐的电话，说今日有事，改日再去。

话一出口，我注定要为自己"重承诺"的决定买单——我再也没有收到 HR 小姐姐的通知。

我赴了同学的约，也负了极具诱惑力的那个职位。

说来，于那时乳臭未干的我而言，是最大的遗憾了。毕竟那个公司是我当时面试的最大的企业。姑且不谈工资如何，给我的感觉也是最舒服的，跟 HR 小姐姐的一番对谈，也让我觉得其是与我同频的人。

或许，这就是冥冥之中自有安排吧！

失去这家公司的 Offer，我拒绝了当时同时段面试的其他公司的来电复试。

我是遵循第一感觉的人，其他公司给我的感觉都不对，所以，我宁愿放弃。

我等待、找寻更适合自己的。

而接下来我要面对的则是现实问题——租房。为了能找到一家心满意足的住处，也为了节省时间，我选择了找中介公司。

那天天气异常炎热，经纪人却不辞辛苦地带着我看了五套房。即便这样，我还是因为或价格高、或卫生环境差、或地段不便利等理由，没能成功签约。可是，经纪人却没有任何不快，仍是一副让人舒心的笑脸相陪。

这不禁让我好奇起来，好奇这房产中介行业的收入了。我想，若没有足够多的报酬，任谁也不会如此笑脸相陪、不辞辛苦的。

于是，我试探性地说道："咱们这个行业，能赚很多钱吧！"

他很健谈，洋洋洒洒地跟我分析起这个行业来。他说："二手房行业分租赁和买卖两个版块，我们做租赁的话，一个月收入大概在 7000~10000 元，租赁出去的房子越多，收入越高，因为租出去的房子的一个月租金作为中介费 20% 起跳，业绩越好，跳点越高。"

说实话，当下我就在心里算起了一笔账。

这个行业，不仅每天可以遇见形形色色的人，还可以通过自己的努力获取颇丰的佣金，真的算得上是无本取利的一个行业了。

靠自己的能力，去挣很多的钱，简直就是为我量身定做的职业选择!

　　我不想考公务员，更不想去什么事业单位。朝九晚五、千篇一律的生活，绝对不是我想要的!

　　于是，我就在心里打起了小九九。我决定到房产中介应聘。

　　行动派，说的就是我这样的吧!

　　第二天一醒来，我就直奔附近几家中介公司去面试了。

　　出师并不顺利，接二连三的碰壁虽然给了我不小的打击，但我并没有放弃，并开始求助于我租房时找的经纪人，毕竟他在这个行业里摸爬滚打了几年，熟人不少，而我与他也算投缘。就这样，在他的帮助下，我获得了一次面试机会。

　　恰巧，这家公司正好招人。

　　而我也幸运地遇见了我的"伯乐"。

　　没有客套话，我和面试我的领导聊得甚是舒服。第二天，我就到岗入职了。

　　一切，犹如冥冥之中的安排。

　　一切，于后来的我而言都是最好的安排。

第二章　我要分享的行业认知

如果你真想在行业内成功，必须把它当成道具，并且深度热爱。

垂直自己的领域

做任何一件事情，笨拙的坚持比聪明的放弃，更会在一场场博弈中胜利。

还记得初做项目时，我的领导对我的"蔑视"。或许在他的眼里我只是个"初生牛犊不怕虎"的青涩少年，没有什么真材实料；再或许，看着我家境还不错的样子，跟吃苦耐劳肯定不沾边。所以他一度想要把我刷下来。

幸亏，我的一番坚持，他才勉强把我收下。可是，迈开第一步，并不代表我撬开了这个项目的大门。初到时，我没有任何房地产从业经验，不知道如何跟客户谈判，亦没有师父来带。

就这样，我一个人孤军奋战在偌大的售楼处。

后来想想，我特别感谢这段日子，因为正因为没有师父来带，我迫使自己去摸索了一条属于我自己的销售方法，独一无二。

我每天查阅很多资料，悄悄地站一旁观摩老销售的谈判技巧，将功课做足。可是，一切努力并没有想象中的那样有收获，事与愿违，最初的 3 个月我 1 套房子都没卖出去。

意料之外，情理之中，我收到了领导的"驱逐令"："李启畅，这个月你要是再卖不出去一套房子，下个月就卷铺盖走人！"

销售行业就是这么残酷，如果没有业绩，没有任何一家公司会养一个闲人。这，很现实。

我很清楚这些，尽管年龄很小，但是看问题我从来都有自己的长远打算。既然我决定要踏入这个行业，我一定会做到极致，哪怕披荆斩棘。我，就是那个给我一个杠杆我就敢撬动地球的人。

很虎。但是，这就是我。

所以，我当下就给领导写了保证书："如果下个月卖不了 10 套房子，我自己走人，底薪我也不要了。"

转身我就离开了领导的办公室。

当然，我能感受到我背后的不屑目光，其实我能理解领导的不信任，毕竟我往期的表现以及现实种种都会让人觉得那是一个不可能完成的任务，简直天方夜谭。北上广的住宅总价高，这是众所周知的，更何况我们的项目同比竞品价格更高。而且在这个项目团队里顶级的销售也不过最多卖到了 6 套而已。我一个 3 个月没成交 1 套房子的新人，想一个月卖 10 套房子，任谁都会觉得我是痴人说梦话。

可是，即使这样，我还是有十足的把握。因为，我并不是盲目自信，这 3 个月来尽管我没有业绩，但做足了工作，房子优势、周边行情、政策利好、区域发展前景……这一切我都有摸索清楚，甚至连谈判技巧都在我心底上演了无数次。

所以，我相信自己。

出乎所有人预料，次月我卖掉了 10 套房子。

后来，我在这个项目做足两年，直到项目结束，我总共只休息了 3 天，且每月都做到了销冠。也就是那时，我成了行业里的销售传奇。

我始终相信，做一件事情是否能成功，一个靠细节，一个靠坚持。如果能够专注在一个版块，铺上热心和赤诚，再加上方法与技巧，没有不成功的事情。

做一个成功的房地产销售，亦是如此。

做完这个项目后，我就转战另一个商业楼盘的项目中去了。

行业里成功，垂直地去做，亦很重要。

什么是垂直领域？

所谓垂直领域，就是专注于某一行业的某一部分，只做细分的产业，根据自己的优势和特长，把手中的事情做精细，做完美，对于所在领域内的需求非常了解，能够为客户提供深度的信息和服务。

但是，在房地产行业，尤其是商业地产行业，最难做到垂直地做。有太多的销售持张望态度，一旦看到周边的项目房子卖得好，就立马想着跳槽到那个项目去。其实，在房地产行业里，这个观念最大错特错。

所以，越是跳槽多的销售，越是业绩做得不甚理想。

话说回来，我从入行商业地产领域，近十年来，一直坚持垂直于这个领域。

确实，商业地产，没有住宅更具优势，但是，在我眼里它自有无可比拟的优势：比如，它不限购，低总价，租售概率高，容易置换，物业完善，客群圈层高，自身商业配套成熟，等等。

要知道，在这世界上凡是人所创造的产品，都有利有弊，但是任何产品只要被创造出来，也总有需要它的人，更何况是人人刚需的房子。

另外，当我们用了足够的时间、精力及坚持，完善了一套属于自己的销售经验后，就一定不要轻易放掉。因为垂直一个领域，除了专业之外，还有就是专注，即坚持按照"一厘米宽，一公里深"的原则去深耕。如此，想不成功都难，想不做到奇迹都不行。

所以，深耕商业地产近十年来，我会做一个项目爱一个项目。

如今，近十年商业地产经历让我不仅积攒了丰富的客户资源，也积攒了房产机构的资源，这些都是丰厚的财富。

我始终相信，做任何一件事情，笨拙的坚持比聪明的放弃，更会在一场场博弈中胜利，也更能得到时间和幸运的垂青！

情商与销售说

好的销售员，绝对是一个真诚的、善于借用语言艺术的"情商高手"！

看过一本书上说："一个好的销售员就是一个情商高手。"
这一点，我特别认同。

在销售过程中，销售员要是用 95% 的时间去保质保量地攻下客户的内心，那么，剩下 5% 的时间他将轻而易举地拿下客户。

如何攻下客户的内心呢？

这就需要作为销售员的我们自己付出真情，用真情待人真的比什么都重要。在我的销售经历里，这一点亦是被验证过的。

前几年，北京刮起一股限购风波，消息传来，领导连夜就给我们销售人员打电话，要求我们 4 天内必须把卖出去的房子全部收回回款。说实在的，房款可不像其他商品，太多人用掉半生甚至一生积蓄来购买，哪是那么容易说交付就交付的。更何况，因为商业办公房还没有限购令，购买的客户大多是外地来北京投资的，多数都是交了房子定金后就回本地了。

我的客户中，就有 70%—80% 的外地客户。人不在北京，怎么回款?

　　第二天来到单位,看到很多销售同事都愁眉苦脸的,我也不知道接下来该怎么办。这样的突发情况,是过去从没有遇到过的。
　　到了下午,同事们大多都这样跟领导汇报:
　　"老大,客户在外地,不方便来北京。"
　　"电话打了,但是客户怎么也不接。"
　　"客户说,最近单位事儿多,不好请假。"
　　……
　　如此等等,总之,没有办法让客户从外地赶来交房款。

　　不过这难不倒我。我冷静地分析了一上午的限购政策,果断地拿起电话跟客户沟通,跟他们第一时间分析说明当下限购的可能性以及长期性,让客户透彻地了解政策的背景。
　　这是第一步。
　　第二步是不管客户在新疆也好,内蒙古也罢,只要来现场付款的客户,我都会给他们报销来回的路费。坐飞机来的,就报销来回飞机票;坐高铁来的,就报销来回高铁票;甚至是,他们在北京市内打车的车费我也报销。当然,钱是我自己出。
　　大部分客户听我这么一说,都同意四天内过来交房款。

　　就这样,我成功地在规定期内收回了100%回款。
　　我的客户,有人连夜从内蒙古赶来,有人急忙从河北赶来,还有从深圳、广州赶来的。看着我这儿络绎不绝赶来交房款的客户，同事们感到特别不可思议。他们一边羡慕我能有办法让客户来付款，一边又觉得我这种自掏腰包报销路费的行为太疯狂。

但是，他们没有明白这背后的秘诀。

当时，我们卖一套房子的佣金是 2000 多元，那次来交房款的客户达 20 几位，如此，就意味着我当月的佣金为四五万块钱。这样算来，哪怕我当时支出的客户的路费达 1 万元，我当月的收入也是不菲的。

另外，一般而言，我们一个月卖掉 5 套房子，已经是很不错的业绩了，更何况我还因此做了当月的销售冠军。因为当月的业绩，我还有了一个很好的提升，更增加了领导对我的信任。

这个事情对我来说，利益大于付出。

对客户而言，是我的真诚对待，让他们心里踏实。

这，绝对算是个双赢的做法。

当时，还不觉自己这样做就是所谓的"高情商"销售法。后来，看一些关于销售与情商的书，才明白自己原来一直践行的是这个。

所以说，真正要做一个优秀的销售人员，必须得懂得真情的价值。道理虽然简单，但是，现实中却有几个人去真正践行？许多销售在面对客户时，往往认为真情付出是一种不够精明的做法。其实，这样的认知绝对是个错误。

我用我的这次实际经历，就可验证这一做法的正确。

那时，很多人羡慕我的回款快，但是没有人想知道前期我做了什么。

甚至还有些人会觉得，我这是运气好或者肯定使用了"非常手段"。这些言论，我都不会在意，更不会理会，即便他们在我面前说，我也只是笑笑，不去计较。

其实，做任何工作，不仅是销售行业，都要考虑到甲方和乙方。

第一，你要考虑甲方的收益，同时，要付出真情，与他共情相待，如此，他会感知到你的真诚，跟你打交道也会觉得舒心，对你的信任度就会提升，那么他自然愿意在你这块消费。

第二，也要考虑自己的收入情况。没有后期的回款，只顾着把房子忽悠出去，固守着眼前那一亩三分地，那就是在做无用功。说不准，最后还会竹篮打水一场空呢。

确实，我见过很多销售员，卖房子很卖力，忽悠功夫也一级，虽然房子当时是成交了，但等到客户发觉自己看到的和听到的不一致，或者回去冷静一想不对，回来追回自己定金的也是不少的。

如此，不是做了一场无用功的工作？

现如今是一个信息发展快速的时代，竞争激烈下，很多客户也有着非常独立的思考能力和判断能力。

这时的他们，早已不再像过去那样被产品牵着鼻子走，或者被花言巧语所"蛊惑"，而是越来越有主见，能够清晰地辨别和判断哪些适合自己。如果销售员还一味地推销自己的产品如何好，已经无法跟他们产生共情。

所以，这个时候销售员需要做的是怎样保证销量的同时又能抓住客户的心！

"高情商"，就是最好的答案。

好的销售员，绝对是一个真诚的、善于借用语言艺术的"情商高手"！

——说话真诚，分析到位，敢于共情！

附：

快速回款的 3 个黄金方法：

1. 优惠回款

告诉大家一个有效提高回款的方法，如果你的案场有三个 98 折，这样去利用：

（1）当天认购 98 折；

（2）三天内交首付 98 折；

（3）针对某个渠道 98 折。

对每个折扣都有硬性要求，并且再三说明重要性和严重性，给客户一个做选择的机会，也给自己回款一个机会。

2. 亲自拜访

如果客户没时间来回款，可以拿着礼品上门找其交款，告知其如果今天不补款，不但折扣取消，自己的佣金也会被罚没，希望不要给双方造成损失。

跟客户说清楚具体的情况，大家互相体谅、理解，如果你前面沟通工作做好了，能给客户留下非常好的个人印象，这个时候大部分客户都会很通融。但是如果前期给客户留下不诚信的印象，这个时候回款可能会遇到障碍。

3. 感恩回馈

如果客户上门主动补款，就给客户精心准备一份自己家乡的特产，有诚意，同时以表感谢。客户是上帝，不是说要我们在态度上卑躬屈膝，而是从内心心怀感恩，感谢客户对我们工作和生活的支持，感谢选择相信我们，而不是别人。这份感恩之心才能帮助我们纠正对待客户的虚假和傲慢，更谦卑、更体贴地服务客户，回馈客户。

格局与销售说

你的未来如一张饼，饼能摊多大，并不是看你的技术有多好，而是取决于你的锅有多大。

锅，就是你的格局。

格局，到底是什么？

何权峰在《格局》这本书里的一段话很好地诠释了什么是

"格局"：

不管是侮辱、批评、攻击，或是得失、成败，对一个心胸"开阔"、有"大器量"的人来说，他的内心就像一个大湖，你丢进去一根火把，它很快就会熄灭；你丢进去一包盐，它很快就会被稀释。

反过来，如果你把一大把盐倒入一杯水中，这杯水还能下咽吗？为什么有些人遇到一点小问题、小困难，就那么容易生气、挫败、难以消受？没错，是因为格局太小。

所谓大格局，就是得之不喜、失之不忧、宠辱不惊、去留无意。

现实中，并非每个人天生都有大格局，但每个人都有变"大"的可能。

如何让自己成为一个大格局的人？尤其，是作为一名销售人员。

你有没有见过，有一些销售员，你和他打交道，无论你是不是他的客户，他总能给你一种如沐春风的感觉；而有一些销售员，即使你是他的客户，可是，和他打起交道来，你也感觉如鲠在喉。

分享下我个人的案例吧。

话说，每个房产销售现场都有很多优秀的销售员。但是，几乎不会有主动帮同事去谈单的销售员。一是，怕帮同事卖出的那套房子，自己的客户来了就没有了；二是，怕自己的谈判技巧、成功经验、销售方法被同事学到。

我却恰恰相反。

还没带团队的时候，当看到同事的客户遇到困难可能会导致无法成交时，我会主动过去帮助同事去谈判、去成交。

其实，对我们个人而言，只要完成各自的销售业绩指标就可以。即使所在的团队业绩没有完成，如果个人业绩完成也是不受任何影响的。所以，太多的销售员就只做好自己的业绩，管好自己的一亩三分地就完事，没有谁管别人挣不挣钱。

我，却从没有这样自私的想法。

从入行到现在，做了这么多项目，在所有的售楼处，我都是尽可能地去帮助同事。后期这也给我带来了很多意想不到的收获。

我自己的业绩本身就非常优秀，继而协助同事们谈成客户，这也促使了我所在的团队比其他团队优秀。故而领导就发现了我的格局、我的能力，我能协助别人谈客户，能主动帮助别人，对整个项目很有价值。于是，他就对我的业务能力从心底里信任。

自然，我能从一名基层的销售员步入管理层，也跟这一因素有关。

领导对我的提拔，最大的原因就是对我业务能力的肯定、对我团队意识的信任，及对我格局的认可。

再分享一个例子。

对于刚入职的萌新经纪人，很多前辈都不会给他们讲很多技巧，只让他们了解项目本身的情况，按照公司的培训手册照本宣科地对他们培训一番，而绝不会讲自己的经验，更不会分享自己的销售技巧，然后让新人一个人去摸索。

结果，有的新人入行好几年都没摸到销售的门道。

但我并没有遵守这个"潜规则"，所以我在带徒弟的时候，会把自己会的一切毫无保留地教给他们；我会把自己总结出来的政策逻辑、卖房逻辑一一罗列出来，并且为了帮助他们更好地学到精华，还会时不时对他们进行检查，让他们说回馈，直到他们真的领会了。

所以可想而知，我的徒弟个顶个的是销售榜样。

当我被提升到管理层的时候，他们一个个地申请到了我的团队，如此，我的团队成为公司的团队销售新星。

这收获，是不是颇丰？

所以说，人活着一定要看得长远一点，一定要从当下的视野中抽离出来，以更大的格局俯视生活。就如有人常说："一盘围棋，新手可以推演 2 步，高手可以推演 50 步，新手和高手的能力有云泥之别，区别绝不是那 48 步，区别在于格局。"

换言之，于销售员就是"决定你上限的，不光是能力，还有格局"，格局大了，离每月做销冠就不远了。

诚信与销售说

肯定会有没能成交的客户，但是，我最开心的是即便客户最后没有成交，但他走的时候会给我鼓掌，特别认可我这个人，会从心里感谢我。

"不相信自己的人，总是在说谎。"这句话对我来说具有特别的警醒意义。

"要当一名好的销售人员，首先要做一个好人。"美国营销专家赫克金的这句名言对我则始终是锦言绣语。

生活中，那些我敬佩的人，不管在什么领域，他们都坚守着诚信，内在都闪烁着人性之光。

但是，在我们业界我也见过太多不守诚信的销售人员。他们没有任何道德底线，为了能够成交不惜欺骗客户，比如，信口承诺周围不会有的建设，隐瞒房屋的实际公摊面积，如此等等。只要能成交，什么都能说出来；只要能成交，事后发生什么一概不管。

可是殊不知这种靠忽悠得来的成交，不仅砸了自己的口碑，更会给公司和项目抹黑。

在我的销售理念里，诚信肯定是第一位。

我从来都是本着为帮助客户而销售，而从没有为了成交而销售。我非常坚信一点，如果站在客户的角度出发，诚信地对待客户，交易所获得的绝非佣金而已，这背后有着一连串的向好回馈。比如，你的诚信令他对你这个人报以信任，那么，下一次他若有机会再买房，肯定会第一时间找你；或者，周边有朋友想买房，他第一时间推荐的会是你；再或者，他还会主动把你推荐出去，让周边的朋友知道你，帮你做一轮有效的宣传，如此等等。

但是我也非常坚信一点，若你抛开诚信，只看着眼前成交这一点小利益，那么势必得到的是损失。

交易，若对客户无益，也必然对销售人员有害，这是最重要的一条商业道德准则。

如何有力地验证这些？还是举我自己的案例。

当时我负责的项目，房子的最大面积是80多平方米，最小的是40多平方米。我有一个客户，他相中了大户型的房子，但是手里的资金有限。于是他打算通过拆借购买那套大户型的房子。说实在的，对我来说，他买大户型的房子我能拿到更多的佣金，但是，若是从客户的实际情况出发，我不能推荐他去买这套大户型的房子。

原因为何？

吃饭穿衣量家当，根据经济实力购买一个符合自己消费能力的房子，这样生活幸福感才容易有。若是后期资金宽裕了，还可以再换大面积的房子。如此，不被经济压力所迫，还能得到一个属于自己的房子，何乐而不为？

另外，对于商品房而言，相比大面积的房子，反而小面积的房子更好出租，也好售卖，变现能力更强，且市场接收群体多。

于是我将这些从他实际出发的问题，全都如实跟他分析了一番。

最后，他接受了我的建议，买了小户型的房子。整个成交过程，他都特别特别的满意，对我的感谢更是溢于言表。

或许，有人会说我傻。放着佣金不拿，还傻傻地跟客户分析、推荐买小户型的房子。但是，他们没能想到的层面是：若为了佣金鼓励客户东拼西凑借钱买房子，后期一旦客户遇到变故无法交付尾款，那么，不仅客户会遇到很大的麻烦，生活品质也会受到影响，更重要的是他们很可能因此对当时怂恿其购买大户型的销售人员心生怨念。

业绩，固然是销售人员的命根子。因为没有业绩也就没有佣金，没有佣金就没有基本的生活保障。但是，如果为了业绩，丢掉诚信，不择手段地去做一锤子买卖，真的是非常错误、愚蠢的行为。

凡是非荣耀的成功，都会为未来种下失败的种子，甚至是隐患。

我身边就有太多实际的案例能够证明这一定律。

我曾经目睹过某个房产销售人员，当客户对户型犹豫不决时，为了贪图几千元的佣金，竟然鼓励客户购买超出经济实力的大户型房子，还告诉客户："买房子都是这样东拼西凑的。我当时买房也是如此，亲戚都借遍了，你看现在都升值好多倍了……"

如此激将"鼓励"下，客户被说动交了定金，买了大户型。可是，事情的发展并不如他们所想的那样顺利，这个大户型房子对客户而言资金缺口不是一般的大，尽管做了努力，但还是于事无补，最终不得不做了退房处理。

退房，就意味着定金退不了，即使给退也不是全额退款，还有定金罚款金额的损失。所以，这个客户心里对当初忽悠他的销售员多少会心生些怨恨。

在我的原则里，诚信也有很多个维度。

可以说，诚信遍布在我们跟客户谈判的每个细节中。

曾经我跟一位客户定好了网签的时间，但是开发商却临时通知延迟1天网签。大部分客户，这时都会选择妥协，会觉得晚一天也没关系。

但是，在我这里不行，因为这会造成我对客户失信。

为此，我跟开发商据理力争了一番："网签时间定的时候，是客户、我、开发商三方都确认过的，现在因为你们的原因造成延期，为何要让我的客户去妥协？君子一言九鼎，既然给出承诺，就要履行。"

最后的结果，就是我的客户按照之前定好的时间进行了网签。

在诚信方面，我的原则一定不能被任何人、事、机构左右。

关于房子本身，也存在诚信问题。

对于房子的优劣，每个房产销售人员内心都跟明镜一般。但是，如何跟客户说，如何做到如实地跟客户说清楚，有太多的销售人员就立马混沌，开始胡说、忽悠了。比如，一层、顶层肯定会存在漏水的风险，而且，顶层到了夏天一定会比较闷热，冬天一定会比较寒冷；九层和十层是扬灰层，灰尘会比较大。那么，问题就来了。

面对这些现实情况，如何对客户说？

如实说，肯定会让很多客户望而却步。但是，从公司角度考虑的话，跟客户说了这些缺点，这几层可能就真的没人买了。所以，太多的销售人员选择避开这几层的缺点，只强调优点，心里还盘算着，只要卖了，剩下的情况就不归我管了。

说来，这样的心态未免过于不负责任了，哪个人买套房不是几乎用却一辈子的积蓄？花掉这么多钱，还买到如此不称心的房，糟心程度可想而知。

面对这几层房子，我绝不选择缄默。

我心疼每一个客户的钱，我也爱惜我的每一个客户。所以，每一次我都选择如实说出这几套房子的缺点，我一定要我的客户在知道房子的缺点之后再做选择。不成交就不成交，但我一定坚守自己的销售底线。

房子，好就是好，如果有瑕疵，罚钱我也不卖。

所以，当收房时，我见过太多销售人员看见客户躲着走的。说过的谎、承诺的虚假，肯定会有暴露出来的时候。因此，收房现场有太多客户闹的情况。

"你跟我们说这个房子是朝北的，结果是朝南的，你昧良心不？！"

"跟我说一层不漏水，一交房就漏水。你安的什么心？"

"退房，退房……"

这么多年，我从来没有被任何一个客户在收房时找过麻烦。反而他们有太多的感谢的话跟我说。

这，就是诚信的回报。

有人会问："你被客户咨询竞品项目时会如何说？"

答案依然是如实，诚信。

我会用清晰的格式给客户罗列出竞品的水费、电费、物业费、距离地铁的距离、楼层、楼间距、容积率、绿化率、房屋面积和朝向，以及价格等，并保证这些都是真实准确的信息，帮助客户分析竞品的缺点，也分析竞品的优点。然后，让客户自己根据需求做选择。

如果客户想了解本区域以外的其他商业楼房，我也会如实一一告知，并且把自己知道的政策优势和价格优惠毫不保留地告诉客户。

很多经纪人会说："你这不是诚信，是傻。"

是的，有太多销售人员担心如果说了其他对标项目优势，很可能导致客户去购买，跑单了。

但是，他们忘记了，互联网时代下的消费群体，从来不会单一选择，即使你不说，他也会去到其他售楼处看，反而，如果你替他分析了，在同等优势的情况下，他一定会选择你。

无形中，你会因此得到一单交易。

最重要的是，在这单收益背后，你还收获了一波好人品的口碑。至于后续，他成为你的宣传代理人是很大概率的。

这就是销售行为的背后，客户成交的背后，客户不仅仅会考虑"所得"，更会因为你个人买单。

不仅如此，我还会坦荡地告诉客户，如今是投资市场并非投机市场，房地产早就不像前两年升值那么邪乎，目前在稳健上涨，对投资者是好事，挤压泡沫。如果你抱着投机心态，建议去买股票，收入或许可观，但是风险也并存。

我始终会把选择权交给客户。

对客户的异议，我也绝不敷衍、欺瞒或反驳，我会尽可能地通过自己的专业知识真诚地去答复。

当然，从业这么多年，肯定会有没能成交的客户，但是，令我开心的是，即便最后没有成交，他们走的时候都会给我掌声，言表着特别认可我这个人，他们也会从心里感谢我。

我有很多客户，在我接待完后，因为某些原因没能购买，但是在走的时候都会对我说类似的话："启畅，实在打扰、耽误你这么长时间，但是因为一些原因，今天购买不了。不过还是非常感谢你今天的讲解，你讲解得非常好，跟其他人不一样。"

你可能会说，没有成交，说这些都没有用。

但是实际上，这些没有购买的客户，后期往往都会转介绍其他客户来，这就是诚信带给我的增量经济。

在这个世界上，最厉害的销售人员靠什么？

敏捷的思维？精致完美的个人形象？还是令人信服的专业性？其实都不是。

任何时候，任何场合，任何行业，最厉害的销售人员都只用一点打动客户，那就是——真诚、信用！

经纪人，门槛说

在严苛的市场环境下，只有能满足客户心理需求，能为客户提供高质量的情感增值服务，真正拥有丰富的知识储备、过硬的销售能力的经纪人，才能在未来生存下去。

在美国，房产经纪人是一份比较体面的职业。

美国 90% 的房产经纪人都有着学士学历，所有从事房产经纪行业的人员，都需要考取从业执照，且考试内容非常广泛，考试难度也很大。

房地产经纪从业人员，要学习包括现代房地产学、房地产法、代理法、合同法，甚至是房地产金融学等课程内容，这些课程学习完成后，还需要签约经纪人公司，经过一层层筛选才会得到房产经纪人执照。

相比而言，中国房地产经纪人门槛就相当低了。

就拿我刚入行时来说，面试的时候层层碰壁，被多家房产中介公司拒绝，原因之一则是因为我的本科学历，没错，我的学历高了。

经理们都会问我一个问题："你大学本科毕业，为什么选择做房产销售？"

言外之意，你一个大学本科毕业生去互联网大厂、望京写字楼，或是去三里屯奢侈品店，都比从事房地产销售行业更适合你的学历，更对得起你的学历。仿佛，高学历成了房地产销售行业的绊脚石。

随着中国经济的发展，房地产行业也随之呈爆发式发展。很多人认为房地产行业就是再普通不过的销售行业，卖过衣服、鞋子、菜，或是随便卖过什么东西的人都能从事，只要能说话，能走路，不结巴，不傻，是个正常人，懂一点销售逻辑，都可以进入这个行业。

在这个行业，甚至也没有系统的岗前培训，靠着自己一张嘴就能直接上岗。

可是，你可能会说，我们也有房产经纪人考试。

但是，我们的考试门槛太高了，需要本科毕业 4 年，相关经验 2 年；大专毕业 6 年，相关经验 3 年，考试内容涉及《房地产基本制度与政策》《房地产经纪概论》《房地产经纪实务》《房地产经纪相关知识》等。

遗憾的是，我们大部分经纪人都没有大专学历，即便有大专学历，真能在房产销售行业从事 6 年的销售员也是少之又少。

如此，这就造成了行业短板。

尽然，能拥有房产经纪人从业资格的人少之又少，那么，就没了行业的门槛之说。

低门槛招聘，又缺乏系统的培训机制，也就导致了房产销售人员素质的参差不齐，低学历、低素质的人，也涌了进来，所谓鱼龙混杂。

自然，低素质的房产销售人员，服务意识淡薄，常常还会通过所谓的"销售技巧"达成成交，使用户租房、购房的体验都极差……久而久之，人们一提起房产销售人员，就想到一连串的"没学历""糊弄人""不负责任""素质低""干不长"等词汇。

行业之外，入行门槛偏低，行业服务水平参差不齐，客户对房产经纪人很难完全信任，这就导致需要消耗更多信任成本才能达到成交。

行业之内，房产经纪人队伍参差不齐，难免出现极度不负责任，靠所谓"销售技巧"取胜的销售人员带坏新入行的年轻人。久而久之，形成了不可逆转的影响，这就让中国房地产经纪行业成了令人诟病的行业。

但在美国、瑞士、英国等国家，房产经纪人是一个受人尊敬的职业。

许多房地产经纪人会把房产销售当作一生的职业来对待，每个从业人员都不会也不敢糊弄任何一个客户，他们重视早期积累的每一个客户，重视维护每一个客户关系，注重自己成交的每一个客户的利益，毕竟，人口少，每年购房客户更少。

但是，在中国，因为房地产行业的快速发展，购房需求猛增，销售房产人员大量涌入，很少有房产经纪人谨慎维护客户关系，也很少有人把房地产销售行业当作一生的职业，大部分人喜欢做一锤子买卖，只为今天的成交，只想挣够这个月的钱。

殊不知，这是对行业的一个破坏。

2020 年，中国经济逆势增长了 2.3%，房地产经纪行业也同样实现逆势增长。

根据统计，截止到 2020 年，房地产经纪从业人员达到了 200 万人，这 200 万人中平均年龄不到 30 岁。但是，他们的平均从业年限却不足 1 年，从业超过 10 年的老销售人员可谓少之又少。

房地产经纪人，看似卑微渺小，实际上，他们的作用却是最不容忽视的。

作为房产销售行业最前端的服务提供者，房地产经纪人是房产交易成交的关键，也是解决客户购房需求的关键，更是保证开发商正常回款、房产行业正常运转的关键。

一个人每周要去菜市场买菜，每个月买衣服、买鞋子，每过两三年换一部手机，每过六七年换一辆车，但是，一个人也许一生只买一次房。

如此看，房产经纪人促成一次销售要付出多少努力。

所以，若要规范房地产销售行业，首先，要提升房地产经纪人的整体素质、知识储备、销售能力。

如此，才能真正提升房地产服务价值。

随着供需关系的改变，市场规模的缩小，未来几年，没有知识储备的房地产经纪人终将被淘汰。

2018 年，某地产作为房产经纪的头部企业提出了一个非常引人关注的目标——从 2018 年到 2020 年，其经纪人统招本科大学生占比要达到 51%，要用 2 年间实现内部经纪人的大换血。

如今，在北京、南京等大城市的大型房地产公司内，房产经纪人岗位大学本科学历已经超过 30%。截至 2020 年，全国大专及以上学历经纪人占比为 43.29%，其中本科及以学历上

占比 17.1％，在北京、上海，本科及以上学历占比分别能达到
49.57％ 和 61.91％。

这说明，市场正在逐渐淘汰那些不专业的经纪人。

2020 年疫情以来，还有一个变化非常显著，就是 VR 看房。

VR 看房，能够还原房屋真实的样子，以前借助几张照片，
现在 VR 让客户直接进入房中体验。科技的引入让客户大大减少
了对销售人员的依赖，同时，也对销售人员自身的素质提出了更
高要求。

我非常看重一个词，那就是"职业化"。

我相信，未来几年，房地产经纪行业也会更加职业化，这个
行业一定会经历一个大洗牌、大换血的过程。

不久的将来，房产经纪人不再仅仅是带人看房、办个手续那
么简单。

在严苛的市场环境下，只有能满足客户心理需求，能为客户
提供高质量的情感增值服务，真正拥有丰富的知识储备、过硬的
销售能力的经纪人，才能在未来生存下去。

房产经纪人必然会走向职业化、专业化。

没有人会是天生的幸运锦鲤。

要成为一名优秀的房产经纪人，必然需要不停地学习，需要
快马加鞭地储备更专业的知识，需要为客户提供更周到的服务。

那么，从业 5 年以上的经纪人，就能靠老客户实现复利；从业 10 年以上的经纪人，就是幸运锦鲤。

我从不在客户面前卑微

真正的销售方法，绝对不是假装卑微与贫穷。

真正的销售服务，绝对不是无底线的"服务"。

真正的销售结果，绝对不是含有任何欺骗性质的一方满足。

真正成功的销售，必然是共赢。

如果你走进房产现场，站在角落仔细观察 1 个小时，你会发现一些销售人员会根据客户的穿着来调整自己的销售动作。

例如，客户如果是一位手提名牌包包的中年妇女，一些销售人员会极其卑微，点头哈腰，身高都比平时矮了半截。客户即使随便逛逛没有当场购买，其也会帮忙拉门、推门，还会殷勤地亲自送客户出门，目送很久。可是，客户如果是一位穿着普通的年轻人，一些销售人员就会很不耐烦，简单介绍完事，客户走也不送，更不会推门、拉门，恨不得其赶紧离开，别耽误他时间。

更有不少销售人员，为了引起客户的同情心，还假装非常贫穷，甚至为了变相让客户成交，言语中还会透露根本不存在的生活窘境……我不知道这些销售人员到底有没有想过，你不为别人提供任何别人所需要的东西，别人为何要平白无故花钱帮助你？

也许，今天你遇到了心善的人，帮你充了业绩，但是，并不是每个客户都会如此。

你真正的业绩绝非是用客户的同情心来达到的。

而是你的服务，你的专业度。

在这个行业里，有很多老销售人员传授经验时，会跟新人说："你一定要学会夺取客户的同情心，不抓住客户的同情心，就不会让客户乖乖成交！"为此，还特意教给新人很多剥夺客户同情心的套路。

即便是房产销售的管理层，也会时不时地提醒销售人员，不要跟客户讲自己的薪水，要低调，要卑微，要奉承着。言外之意，就是你要勾起客户的同情心。

而我从来不会为了去抓客户的同情心，而在客户面前装悲惨、装穷。在我的所有客户中，没有一个是通过假装卑微获取同情心而成交的。

当客户看中我的鞋子，问我多少钱时，我会大大方方告诉他是限量版，价格是多少多少；当客户夸我发型不错，问在哪里剪发时，我也会大大方方分享理发店的位置，推荐他们有名气的理发师。

在客户面前，我从来不会隐藏自己的收入，而是非常坦诚地告诉客户我的薪资，尽管我的薪资因为业绩好而会令客户惊讶。

我就是会告诉客户我的高薪酬实际上是源于我的专业。转而，我就会跟客户上一堂专业知识讲解的课。

我如此做了，客户反而会觉得我是个非常直率坦诚的人，不卑不亢，专业度极高，于是，为此买单。

事实上，我曾凭着自己这种不卑不亢的态度，一次性地成交了8套商业房产。

当时那位客户直言，他就是为了我的专业度买单的，说买我卖的房，心里踏实，有信任度。

我曾经听过这么一个故事。

有一位房产销售人员月入十万元，为了成单他经常不择手段，有很多销售套路，其中之一便是在客户面前假装贫穷。

有一次，他为了博取客户的同情心编造自己家庭生活非常窘迫，被逼无奈才来卖房子。客户成交后的第二天，因为家人反对来退房，正好看到这名销售人员开着车来上班，客户当场就大闹了售楼现场，如此一来，给这位销售人员带来了很不好的影响。

后来，他销售的项目销售完又换了另外一个项目，因为来看房的客户很少，他的业绩一落千丈。曾经的老客户，很多已经把他拉黑，更有人投诉他。顷刻之间，他从月入10万元到最后连最低标准的业绩考核都难完成，最后离开了房地产销售行业。

所以说——

真正的销售方法，绝对不是假装卑微与贫穷。

真正的销售服务，绝对不是无底线的"服务"。

真正的销售结果，绝对不是含有任何欺骗性质的一方满足。

真正成功的销售，必然是共赢。

我不愿意说人性有恶，但往往一个人越卑微，越会激发别人的不屑一顾，甚至是发自内心的看不起。不管是销售行为，还是在亲密的人际关系中，一个人越卑微，往往不会被珍惜。

尊重是互相的，平等也是互相的。

当你主动选择降低身份与别人谈判时，已经失去了最大的成功机会。客户会对你不由自主地产生不信任，相反，客户更容易把信任交给更专业、更自信的人手中。

这，就是人心。

说白了，销售是有销售心理一说的。

对于刚入房地产行业的新人来说，很容易就会犯"过于热情""过于卑微"的错误。往往他们会觉得自己对客户越热情，客户就会越喜欢自己。但事实恰恰相反，过度的热情与讨好，反而会让自己没有底气，没有底气就没有气场说服客户，进而让客户心生怀疑，潜意识地认为这个人不靠谱，也对其介绍的产品没有信心。

因此，于销售而言，对待每一个客户，都要一视同仁，不卑不亢。

放眼北京、上海、深圳、广州，每一年的房产销售冠军，有几个人是靠着客户怜悯成为销冠的？有几单是靠着博取同情成交的？

想必，你细听了销售冠军的故事，你就会知道答案是零。

顾客是上帝，我们当然需要怀着一颗敬畏的心去对待，但是敬畏不是卑微，敬畏不是欺骗，敬畏更不是装穷扮惨。

真正的敬畏客户，是敬畏自己！

故而，我们要先学会爱自己，注重培养自己的品行，每日反省自我，是否做到了有一说一，是否做到了诚信。

真正的敬畏客户，是提高自己！

贷款办理流程，是否真的了然于胸了；是否通过自我提升、自我进步，可为客户提供更专业、更优质、更靠谱的服务了……

真正的敬畏客户，是责任！

我们断然不要在需要客户的时候点头哈腰，客户需要我们的时候板起脸来不回信息，而是要在所有销售环节为客户负责到底。

若我们真的如此做到这些，那么，我们断然不必扮卑微，就可以做到销冠的。

相信我，我用我的经历、经验告诉你，这样准成功！

第三章　执念前行，持续做到销冠的秘诀

磨砺而出，以一种执念前行，不负春华，不负梦。

提升自身的有效步骤

一定要和越来越美的人在一起，因为这背后，藏着对自己的自律、坚持、克制和对高品质的追求。

有很多这样的时刻：你惊心动魄，而世界一无所知；你翻山越岭，而天地寂静无声。

人生说到底，就是一场一个人的战争。

我最喜欢朴树的《空帆船》，听他唱：我听到风从我耳边呼啸着掠过／我爱这艰难又拼尽全力的每一天／我会怀念所有的这

些曲折……

于我，这是一首给我力量的歌。

所以，每一天我都让自己过得不辜负，不辜负每一个清晨的阳光，亦不辜负每一个夜深人静。始终，我在奋斗，平凡地奋斗。

不疲累，不沮丧，亦不懒惰。

每天睁开眼，我都用爱生命的姿态拼尽全力迎接我热爱的房产销售工作。

在这个行业里，我砥砺前行，但从不盲从。我始终思考的是自己应如何提升自身，从而提升自己在这个领域里的销售技能。所以我也总结了一些自己的经验所得。

首先，我要把我自己变得"高级"。所谓"高级"，是衣品，是仪表……

看到这里，有人肯定会哄堂大笑，你一个房产销售，又不是名媛、名流，何需要如此"高级"？

No！我反对。

销售绝对需要这样的"高级"。

有句话如是说："服装不能造就完人，但是给人的第一印象，90％产生于服装。"

作为销售，其仪容仪表，绝对是售房的一个重磅秘诀！

且听我细聊。

从小我就特别注重形象，知道什么样的衣服适合自己，工作以后，对自己的着装更有着自己的一番要求。

在我们房地产公司，都有订制的工服，不过，从业十多年，我从未穿过公司订制的工服。每到一个新项目，当新工服送来时，我就会特意跟领导说："工服，我可不能穿。"

当然，这句简单的拒绝，没有任何说服力，领导断然不会轻易应允我的。

于是，我会补充道："那我不穿的话，你给我定个任务，完成不了我卷铺盖走人。"

像我这样强硬拒绝的销售员，领导大多是第一次碰见，尽管无奈，但都应允了。每个项目，每个领导，没有一个不答应的。

或许，是因为我应允任务时的底气吧！

说实在的，我拒绝穿工服是有理由的，一般而言，房产销售的工服就是一件紧巴巴的黑色西服、一件紧巴巴的衬衫、一双黑色的袜子、一双质量很差的皮鞋。大家穿着这样的工服，齐刷刷地往那一站，给人一种满脸的欲望，写着金钱、写着成交，还写着一种说不出的压迫感。

所以我拒绝这样的千篇一律。

我特别欣赏电视剧《安家》中徐姑姑说的一句话："正经的衣服，让不正经的人穿了。"

所以，从入行到现在，我从不穿单位发的衣服。

虽然不穿单位的工服，但是我有一套自己的"工服"。

我的"工服"是一件宽松的西服，西服的款式和料子都是当下最流行的；裤子是质量高档的九分裤，颜色并不局限于黑色；西服里面搭配的是宽松简单的白 T 恤；皮鞋，我选择的是头层牛皮平跟皮鞋；腰带，则是朋友从国外帮忙购买的新款品牌皮带。

如此之下，当同事们穿着皱巴巴、紧绷绷的西服上衣、到脚踝的廉价西裤、容易扯线的白衬衫、价格低廉的黑色皮革鞋时，我的一身行头，可以说是翘楚。形象，一下子在众多销售人员中跳脱出来。

有太多我接待的客户，会对我说："你的感觉很不同，很清爽、很高档、很潮……"

很多人会说，我刚刚上班，温饱还是问题，根本就没有钱来买昂贵的衣服。

没钱买昂贵的衣服，不是拒绝穿得"高级"的理由。因为你也完全可以把公司的工服穿出昂贵感！

仔细观察的话，你会发现：有很多销售人员的西服一年四季总是皱巴巴的，从未熨烫过，甚至还有污渍；还有些销售人员的白衬衫的袖口总是脏兮兮的，劣质皮革鞋还可能散发出不好的味道。

想想，这样的销售人员会给客户留下怎样的印象？

所以，当你刚刚入职，手头资金不宽裕的情况下，可以先做到将工服穿到"高级"，即勤洗、勤熨烫，干净、整洁也是一种高档感。之后等手头宽裕起来，再慢慢买些有品质的衣装。

当你真正穿上一身品质"高级"的衣装，来跟客户打交道时，你就知道会收到怎样意想不到的成效了。

除了衣服之外，作为销售人员，还要特别注意自己的发型、指甲、口腔清洁度等外在的小细节。这些细节虽小，但都会在客户心中放大。所以，尽量在自己能力所及范围内，做到整洁、干净、清爽。这样，你给人的感觉至少比较利落，也会给客户留下值得信赖的第一印象。

刚参加工作的时候，公司要求每天早九点到单位，我住的地方到单位走路也就十分钟左右，但是，我每天都会在六七点起床，提前两个小时用以熨衣服、剪指甲、抓头发、擦鞋……

工作中的我对自己的要求就是，衣服上不能有一个褶、一个污渍。

记得，有一次我穿的西服上不知怎么有了一个明显的褶子，旁人或许看不到，但是这在我心里成了个黑洞。于是我当即请假，回家去把其熨烫平整，而后才来继续上班。要不然，我会一整天都不在状态。

或许，有人会说我这是完美主义在心底作怪，但是，对我而言，衣服的不平整、容貌的不清洁，真的是对顾客的一种不尊重，而我工作起来也会超级不自信。

后来我自己带团队时，我就跟公司申请我的团队绝对不穿工服。

我知道统一的、板正的工服，是对销售的某种意义上的束缚。所以，我的团队一年四季都有着不同风格的潮流工服。比如，夏天穿白 T、卡其色裤子、布鞋；或者穿 polo 衫、卡其色裤子、布鞋，是文艺有之，舒适有之。冬天呢，穿飞行服、牛仔裤、大黄靴，时尚又潮流。

在我心里，于销售而言，工服就是一种外在传达的"自我"。

所以说，作为一个销售人员，无论你是在售房，还是在售卖其他产品，客户对于你的第一印象就来源你的仪表。你当天的穿着、言谈、举止，甚至你剪没剪指甲，他们都会在意。

我曾遇到过很多客户，在交流过程中会特意问我鞋子是从哪里买的，想让我给他们推荐品牌；也有客户对我的穿着大大点赞，更有不少客户会悄悄问我："你是不是这里的领导呀？我看你穿得跟他们不一样。"

这就是我对于穿衣的讲究与追求，给客户留下的深刻印象。

读完这些，你明天不妨试试早起一个小时，挑选下自己喜欢的衣服、鞋子，将其熨烫平整，打理清洁，再整理下发型，然后出门上班，感受一下元气满满的一天吧！

用脑，还是用心谈判？

在销售行业，如果别人挣 10 万块钱，你就挣了 1 万块钱，不要找市场原因，不要找客户原因，找自己原因。

若你问我，售房是用脑，还是用心谈判？

那么，我的回答是："用脑谈判的时代已过，这个时代，需要用心去谈判。"

首先，从接待来谈。

客户对你的第一印象，一定是你的言谈举止、你的穿衣品味、你的发型，甚至你当天涂的口红的颜色，这些都会成为客户对你的第一印象。

那么，你的用心体现在哪里？

体现在你对自己衣品的品质追求。

有品质的衣着，是你迈出让客户对你产生信任的第一步。

其次，是用心去介绍沙盘。

我见过太多老销售人员，工作时间虽然很长，但却往往忽略介绍沙盘，而直接进入到看样板间的环节。

有一个原因是，大多数客户会拒绝听介绍沙盘。比如，会说："沙盘就不需要介绍了，我们都了解得差不多了，咱们直接看样板间吧。"这个时候，个别销售人员会听之任之，觉得客户不想听，那自己就省力气了。

殊不知，这种省力气的小聪明，在房屋销售环节是非常错误的做法。

因为他们忽略了最重要的环节，就是介绍自己的产品。确实，对他们而言对沙盘太熟悉了，熟悉得误以为自己专业领域的基础知识理应是众所周知的，故而会对客户提出的基础问题有厌烦情绪，当客户问及首付比例、贷款利率等问题时，接待他的销售会皱起眉头。其实，客户对区域、项目和政策的了解都只是皮毛而已，甚至有的客户是完全不了解。

当一个人不是特别了解一个产品时，怎么会有真的购买欲望？试想一下，在求学过程中，你遇到一个向他请教问题时总会不耐烦的老师，你会不会丧失学习兴趣？谨记，简单的事情重复做，重复的事情用心做，是燃起客户购买欲的第一步。

那么，如何用项目的优势打动客户，让客户产生购买欲呢？

说白了，最重要的环节就是介绍沙盘了。

所以，当新客户来售房现场时，我跟客户打交道的第一步从来都是从介绍沙盘开始的。

这是一种用心的表现。

因为讲沙盘的时候，不仅是为加深客户对地区发展前景的信心，更是介绍项目所处地理位置、周边配套设施、未来相应建设等区域价值，还有就是你跟客户沟通时留下的专业印象。

绕过沙盘介绍，直接去看样板间，这就相当于不让客户试穿，直接让其看价格从而下单的一个过程。可是，客户无法感同身受，也就没有代入感，更无法在脑海中浮现自己未来生活在这个街区的想象空间了。

或许你会说，不是我们不想讲沙盘，而是很多客户根本不想听也不让我们去介绍沙盘。客户会说："别讲了，直接看样板间吧，周边我都了解。""不看了，我都看过了。"……

那么，如何让客户认真听你讲解沙盘呢？

我是这么做的。

客户进门的第一时间，在他没有讲话的时候，我就会主动上前对客户说："接下来，耽误您几分钟时间，我希望能通过几分钟的讲解，让您迅速了解区域价值和项目价值。我不会多占用您的时间，不会耽误您去了解其他项目，同时也希望您能认真听我讲解。这一天当中接待客户无数，嗓子不是很舒服，有点哑，但是没有关系，讲解中有什么疑问，您随时提出。"

这样谦卑且主动的做法，一般客户都不会拒绝我这几分钟的讲解。

最后，当介绍完沙盘之后，我再带客户去看样板间。

去看样板间的路上，也要用心地跟客户做一定的交流。我见过有些销售人员在带客户去看样板间的路上，就一句话不说了，一般客户也会沉默不语，毕竟都很陌生。

但是，这个真的是售房过程中的大忌。

这个时候，你完全可以抓住这个空当来穿插介绍一下物业公司、物业收费情况、水电费收费情况以及供暖时间、户型、未来周边设施等基本信息。

介绍这些的过程，实际上就是在为客户创造未来的生活愿景和蓝图。

到了介绍样板间的时候，你千万别照本宣科地将公司培训的内容复述。

你要站在客户的角度，为他把家的模样构建出来，比如，你可以帮客户展示出一个空间的布局，帮客户造一次关于家的最初的梦：客厅，摆什么样的桌椅；厨房，如何布置，怎样的风格更流行；儿童房，摆放什么样的学习桌，如此等等。

或许，你会说，我对这些一窍不通呢。那么，你就要用心想这件事，想如何能更好地服务客户。互联网时代，时尚类家居的自媒体多了去了，你只要用心去学，肯定可以成为一个视觉上的小行家。

最后的最后，你在算价格的时候，除了说房子的价格及优惠外，要跟客户主动提出购买条件，并建立平等关系，尽可能少提价格多说价值，不要总说自己销售的房子有多便宜，那是在给自身产品打折，便宜的东西除了便宜，就没有别的。

卖房，卖的不仅是无声无息的钢筋水泥，更是幸福和未来，是未来的家，未来的美好生活。

其间，用心最重要。

十年里，我接待的每一个客户，不管是最后成交的还是没成交的，都是按着这一套的流程去售卖。每一个细节，我都会用心去把握住，从第一秒接待客户起到最后一秒看着客户消失在视线中，每一步我都在用温度、用真心去售卖，认认真真为客户讲好每一个细节。

"哎呀，没有客户，怎么成交？疫情期间哪有人买房子！"这是这一年来，我经常听到的抱怨声。

但是，我想说的是，如果我们认真用心地接待了每一个客户，即便来的人少，总是会有所收获。我和我的团队，也经历着疫情后的低谷，但是，通过我们的用心接待、细节把控，不放弃，4个月的时间6个销售人员也是取得了不错的业绩。

其实，各行各业都会有低谷期，能在市场低迷时保证成交量的销售人员才是好销售人员，才说明其有能力。

我特别喜欢日本经营之神松下幸之助说的一句话："不放过任何细节。"

是的，作为销售人员的我们，用心不放过任何细节也是最重要的，当我们不放过任何细节时，其实已经胜利了90%。

客户，都是有心的。

今天客户走了，没有成交，但是，我没有遗憾，毕竟所有的环节我都在用心对他。故而，我有了很多这样的客户，第一天没成交，但第二天又来成交的。还有，真的手头没有充裕的资金的客户会特意介绍很多新客户过来。

因为他们在我接待他们时，感受到了我的用心，我的真诚。所以，他们亦用真心来对我。

由此看，当你把每个售房的环节都用心做到极致时，离销冠的目标还远吗？

关联与建立客户对你的好感

公司给的售房话术是理性的，但成交是感性的。房屋销售的过程，实际上是一场人与人的交谈过程。

前文中，我曾提到不要忽略掉沙盘的讲解，以及讲解沙盘的重要性。

如果顺着客户的意思，略过了讲解沙盘，那么，你后面的谈判阶段就会变得特别枯燥，特别累，不得不一直说房子多么便宜，地理位置多么优越，说来说去就只剩下自己的"反复强调"。

我遇见过不少销售人员，跟客户谈判的时候，自始至终都在自顾自地说："这个项目多好，多便宜，你不买真的吃大亏了。"

这跟站在路边赚吆喝，有什么区别？

你从一开始就把自己当成了卖方，和客户树立起利益对立的关系，满脸写着欲望，从没站在客户的角度出发，这样只关乎买卖的交谈过程，真的只会让客户反感。

其实，售房有一个特别特别重要的前提，就是关联与建立客户对你的好感！

很多时候，我不会跟客户直接聊房子，甚至 70% 的时间都在跟客户沟通情感，了解客户真实的需求和处境，比如，TA 的星座、TA 的性格、TA 目前的规划以及对未来的规划，还有平时的喜好。

消费者的需求非常复杂，不同的客户，对同一产品会有不同的需求，比如投资、自住等。即使同一客户，对同一产品也有很多层次的需求，比如一个教师，想买一个小户型的商住房，做一个绘本馆，在寒暑假期间用来给周边的孩子分享绘本；或者，一个上班族，买一个小户型就是想用来做一个过渡性自住，过几年就打算卖掉；再或者，一位 80 岁的老奶奶，她就是想买一套留给自己的房子，不让孩子们知道……

这就好比同样是去商场买化妆品，有人是为了美白，有人是为了防晒，还有人是为了去角质和黑头。

如果你只是单纯地从自己的角度出发介绍产品，就很大成分地忽略了客户的真正需求。

我们很多房地产销售人员，其实都太理性、太自我了，给客户很冰冷的感觉，一点温度都没有，还目的性很强，脸上写的就是赶紧买我的房子。甚至还有些销售人员，对于没有成交的客户，人家一转身还没等走出卖场，就开始内涵客户，甚至当面甩脸子。

你想，如果你是客户，你会愿意跟这样的销售人员打交道吗？

一般我会在分析完市场以后，根据客户的一言一行初步判断出客户是什么性格，什么需求，以便进行后期的谈判。

年轻女性，我会聊包；年轻男性，我会聊鞋；老年人，我则会聊旅行或保健品；大学生，我会聊工作前景；夫妻俩，我会聊感情。总之，我会根据客户的处境和喜好去交流，去尽量建立一个亲密些的关系。

客户往往会觉得我这个销售很有趣，也很不一样，渐渐地也就放下了戒备心。这时，他们会自然而然地跟我聊购房背后的真实需求，或者仅仅是诉说自己的故事。

这时，成功就进行到一半了。

因为很快他就会问你定金多少，什么时候交房，如此等等。

不过，这个时候，也不是事半功倍的。

举个例子：当客户这样对你说时，你会怎样回复？

"您觉得怎么样？"

"还行吧！"

"今天能定吗？"

"定不了。"

"有什么原因吗？"

"需要和家人商量。"

……

在售房的环节中，如果遇到客户这样回答，有些销售人员可能就有点按不住性子，开始着急了，甚至对客户表示不信任、怀疑、不耐烦。

而我会先跟客户确认下，他的哪些需求是我没有给他讲解清楚的。

"请问您是哪方面有疑虑呢？资金还是区域，还是产品？大老远来看房子不要带着疑虑回去，哪怕和家人要商量，首先得把您的疑虑解开，回家您才可以正确传递给家人。"

如果是资金问题，我会给他们寻找其他金融方案，或者提供其他户型的选择；如果是区域的问题，我就会重新帮客户再梳理一遍，尽量让客户理解透彻；如果是产品问题，我会进一步确认是对朝向还是楼层，还是户型不满意。

如此，即使房子当天不成交，客户从我这里收获到的是满满的诚意及热心，对我的好感度是倍增的。

另外，在整个谈判过程中，我一定会拿出三张整齐的白纸：一张纸上写着清晰的价格与金融方案，一张纸上写着最近的政策，一张纸写着项目的卖点。

十年来，我会保证每一个从我这里离开的客户，手里都有这三张纸，并且把这三张纸订在一起，右上角附有我的名片。

如此一来，客户对我的好感度，会是持续的，且记忆深刻的。

所以说，整个售房的过程，不是单方面的"吆喝"。

公司给的售房话术是理性的，但成交是感性的。房屋销售的过程，实际上就是一场人与人之间的交谈过程，想让这场交谈成功，我们的角色绝对不是喋喋不休的讲述者，而是耐心的倾听者和智慧的发问者。当人们感觉自己的话有人认真倾听时，会有被理解和被认可的感觉，从而会喜欢上你，当客户喜欢上你，觉得你这个人很值得信任时，才会愿意跟你交易。

说白了，这就是一个关联与建立客户对你的好感的过程。

十年售房经历中，我经历过很多次关联与客户的好感度，用30%的时间介绍项目本身，用70%的时间来倾听客户的诉说。

每一次的成功成交，即验证了我这一做法的正确。

附：

与客户建立感情的沟通秘诀：

1. "探"客户购房的真正需求

购房的目的：是投资，还是自主？是自己购买，还是给家里人购买？了解清楚客户具体的购房目的，才能抓住客户真正的购房需求。

不同客户的购房需求会有很大的差别，比如，单身女性的购房需求，往往是独立；未婚情侣的购房需求，多数是结婚；老年人的购房需求，可能是安全。不应该主观去想象和构建客户的购房需求，应该在跟客户沟通感情的过程中一点点去挖掘购房背后的真正目的。

2. "探"客户的性格

不同职业或社会角色的客户，关注的点会完全不一样，比如，家庭主妇关注的点可能是周围入住的餐厅与菜市场；文艺工作者关注的是书店、影院等文艺场所……所以，根据其职业或社会角色可以来探寻客户的购房需求点。

3. 了解客户的喜好

每个年龄群体、喜欢的事情和沉迷的事情亦是天差地别。了解客户人群的喜好，能轻松地打开深度聊天的阀门。

个人IP，应走在产品IP前面

我始终笃定地认为，让客户对我们展开心扉，把信任交付给我们，前提是打造好一个个人IP。

我的很多客户，都是回头客。

曾经有一位客户介绍了10位朋友给我，且他的这10位朋友都在我这里成交了房子。

能让一个客户为我介绍这么多朋友过来，且个个成交，我觉得有缘分在，但是，更多的我认为是对我的信任度。

说得再专业一点，就是对我个人IP的认可。

销售说来，就是一门学问。

有好多房产销售人员都认为，"销售，就是销售人员把公司给的售房流程都走完了，定不定是客户的事儿。该讲的销售人员都讲了，最后能否成交也不是销售人员能决定的。"如果未来房地产行业售房的流程被 AI 机器人取代的话，抱着这种想法的销售人员，我想立马就会被淘汰掉。

要知道，销售的本质就是信任，对销售人员这个人的信任。

如果客户一开始就不认可销售人员这个人，心底对其有排斥、怀疑、顾虑，那么，即使销售人员跟他介绍沙盘，带领他看样板间，哪怕是到了最后算价格，他们还是会上下审视销售人员到底有没有在骗他、忽悠他。

这，就是销售人员个人传达给他的。

所以，从业十年，我一直坚持一个原则：让个人 IP，走在产品 IP 前面。

因为消费者不仅在购买产品，更在为你这个人买单。

那么，到底什么是个人 IP？

个人 IP，简单来说就是个人形象与个人标签，让周围人觉得你是某一个领域的专家，并在这个领域形成了一定的影响力。

比如，当我提起马云，大家会马上想到淘宝；提起马化腾，大家会立马想到腾讯；提到张小龙，大家会马上想到微信；提到乔布斯，大家会马上想到苹果；提到格力空调，大家会马上想到董明珠；提起雷军，则会马上想到小米……

这，就是个人 IP 带来的效应。

不过，假如某一天，某个企业的领导人出现了个丑闻，那么，我们在购买其产品时心里就会咯噔一下，同理，其他 IP 型人出现类同的问题，也会出现这样的连锁反应。这就是产品与个人 IP 的隐形互动，也就是信任互动。

所以，特别是在信任严重缺失的时代中，我们每个人都需要把自己看成一款产品，不断通过提升自己去打造个人的形象和个人标签。个人品牌，一定是守护产品的最好护城河，一旦你的个人标签打造出来了，很难被复制，不仅能为你带来非常可观的"增量经济"，更会让你这个人无可取代。

那么，我们该怎么树立个人 IP ？树立怎样的个人 IP ？

个人 IP 的树立，在于每日的一点一滴，在于每一个细节，你的标签，你的对外形象都是非常重要的。所以，这个时候，需要给自己设立一个人设，然后，根据所设立的人设特质，来打造个人外在形象和内在品质，逐渐在时间和实践中塑造成属于自己的个人 IP。

外在个人形象，包括你的穿衣风格、你的发型、你的首饰、你的包包、你的鞋子等。国王有国王的权杖，皇后有皇后的凤冠，公主有公主的蓬蓬裙，王子有王子的白马和王冠。当你完成了个人形象的设定后，人们就能通过穿着立马把你归类到相应的角色。

应该特别注意的是，外在形象中的内在品质，即你的谈吐、你的真诚度、你的专业度，都从细节之中于无形中形成你的个人形象。

如果只有漂亮、干净的外在形象，没有内在品质，塑造的个人 IP 最终也会崩塌。

于房产销售而言，个人品质其实就是做事的原则底线。

房产销售里，有太多太多的人喜欢挣眼前的钱了。我就不喜欢挣眼前的钱，我始终认为，一锤子买卖挣的钱不叫钱，通过口碑挣到的钱才叫钱。而且，我从不为挣钱而挣钱，做任何行业都要有价值、有意义，做的话就要做到极致，否则，就不要做。

另外，朋友圈是很好的打造个人 IP 的平台，但这个有太多的人会忽略。

比如，公司每日会布置千篇一律的销售模板，让大家转发到朋友圈，往往一个项目的所有销售人员多会直接转发公司发出的小视频、宣传海报，连文案都一字不差。

但是，你有没有想过，假如一位客户添加了你们公司 3 个销售人员，你发的朋友圈内容跟其他人一模一样，客户不仅不会看你发的内容，甚至会直接拉黑你。

这样的情况，我会怎么做？

我会设置标签分类，公司每天让发的素材，仅给领导看。这样，既完成了公司的任务，又不会让客户觉得我是个工具人。

说起来，我特别讨厌千篇一律的东西，更何况，上班是给自己上的，不是给公司上的。

那么，我会在朋友圈发什么内容呢？

如果你关注过我，或者在我的客户标签分类中的话，你会发现我朋友圈的内容永远都是客户在刷卡，客户在写认购书，以及自己跟客户的聊天记录、转账记录。再或者，是自己去某机构演讲、去上某个培训的学习照片。

如此之下，有购买意向的客户看着会比较着急，有些还会形成冲动购买；其次，已经购买的客户会很放心，有"群众信任"的效应，他会认为，有这么多人跟我一样都在你这里成单，那说明我的判断和选择是正确的，所以当这些客户身边有朋友想购房时，他们会马上想到我，给我推荐新的客户；最后，暂时没有购房意向的客户，也会对我很信任，觉得我很有上进心，不愧是项目的销冠。

这，就是我在朋友圈当中塑造个人 IP 的过程及收获。

如此说来，树立个人 IP 也算简单，就是藏在每一个细节中，藏在自己的思维模式中。

最后，我想再重复强调的是，IP 是复利的，打造 IP 一定能给你带来滚滚不断的增量经济。

举个例子。

我有一个西安的客户，曾在我的某个项目中买了一套房子，买完后，当我有了新的项目，他又跟我买了其他项目的房子。后来，有一段时间我处于离职的状态，就介绍他去其他项目，那个项目的开发商他也没有详细问，就觉得我说好那就买。后来，我在顺义卖房，离机场比较近，他经常来北京出差，看到我在朋友圈正在售卖的顺义项目，想着自己经常在顺义机场落地，于是，直接买了顺义的房子。

这个只是其中一个客户。

其实，我的大部分客户，不管买与不买，黏性都很高，但凡手里有钱，打算买房的时候不会再选择其他的销售人员，而是直接找我，这最直接的原因就是对我个人 IP 所建立的信任。

所以，马上丢弃掉褶皱的西服，马上停止转发千篇一律的朋友圈素材，马上改掉自己对待客户的僵硬态度，用细节、思维去建立自己的个人 IP，为自己建立一条产品的护城河。

相信，自带流量的你，最终能享受到个人 IP 带来的令人惊喜的增量经济。

附：

打造个人 IP 的 4 个好处：

1. 持续的增量经济

就像我前面所举例的，如果说我用个人 IP 吸引成交的第一位客户是"存量经济"，佣金收入是 2000 元；后期，第一位客户信任我这个人，给我推荐的 10 位客户就是我的"增量经济"，佣金便是 20000 元。这就是个人 IP 打造后得到的丰厚收益，而且，这种收益会随着存量用户的增加，能像滚雪球一样越来越大。

2. 无可替代性

个人 IP 讲究"个人化",是我们的优势、形象、特长,一旦成功建立起来,就无法被人取代。

3. 更低的认识成本

为什么第一位客户介绍来的新客户,能够更顺利地在我这里成交?就是因为我有了个人 IP,也就是个人口碑,被介绍来的消费者会更容易完成信任的交付。但是如果没有 IP 的人,客户了解你的过程就需要花费很多时间和感情成本。

4. 更多的话语权

有了个人 IP 后,你说的话就有了分量和可信度,客户也会愿意倾听,也愿意相信。要知道,信任是交易的前提。

生活需要仪式感,工作需要目标

生活需要仪式感,才能感受到生活的意义。为完成目标,而努力度过当下的时光,人生才更有盼头。

美国罗斯福总统夫人在本宁顿学院读书期间,曾想找一份电讯工作,于是,家人便将她介绍给了当时担任美国无线电公司董事长的萨尔洛夫将军。

萨尔洛夫将军认真地询问她想做哪一份工作。

罗斯福总统夫人回答说："随便吧。"

萨尔洛夫将军听后，立马变得严肃起来，郑重地对她说："没有任何一类工作，叫作随便。"然后，又意味深长地对她说，"成功的道路，是目标铺来的。"

确实，如果你不知道自己要往哪里去，那么，最后的结局可能是你哪里也去不了。因为，你的心里没有一个明确的目标。

生活中，我们若没有明确的目标，就好比在荒野中徒步，我们将完全不知道即将到达的目的地是平原，还是悬崖峭壁。所以说，人生不管所处何时何地，不管是在什么样的境况下，一定要有一个目标。

有目标的人生，才能在清晰的努力下最终到达自己想要去的地方，过上想过的生活。如果没有目标，我们很可能就白白浪费很多时间，原地踏步了。

生活如此，工作更是如此。

那么，如何制定目标呢？

我建议制定 3 个目标，即：一个长期目标、一个阶段性目标、一个短期目标；用时间分拆的话，那就是一天的目标、一周的目标、一个月的目标、半年的目标、一年的目标、五年的目标、十年的目标。

一位伟大的哲人，曾如是说："伟大的目标构成了伟大的心灵，伟大的目标能够产生伟大的动力，伟大的目标形成伟大的人物。没有远大的目标会使人失去动力，没有具体的目标会让人失去信心。"

是如此，有目标才有动力，有动力才有信心。

我是一个非常喜欢给自己制定目标的人。

我有一个专门的目标笔记本，在日常生活中，我会每周给自己制定一个目标，每月也给自己制定一个目标，每年度也会制定一个年度目标。

从工作至今，十年来都是如此。

关于工作方面的目标，我特别想分享一下。

一般情况下，如果你进入一家房产公司后，领导就会给你定一个当月的销售目标，就是这个月你要卖多少套房子的任务。但是，我从来不会以领导下发的这个业绩目标定为自己的目标，而是自己为自己制定一个目标。每做一个新项目前，我都会先去看项目的体量，然后，给自己制定一个"一定要卖掉50%"的目标。比如，如果有 1000 套房子待销售，案场一共 10 名销售人员，分配到一个人的话，每名销售人员在项目结束的时候需要卖掉 100 套左右。但是，我一定会给自己制定一个更高的目标——卖掉 500 套。

可能你会说，制定这么高的目标完不成怎么办？

可是，我要说的是，既然我敢定这样的目标，就有十足的把握可以完成。

因为，这是根据我的经验而制定的合理目标。首先，在选择加入该项目的时候我就很看好这个项目了。任何时候，我都不会允许自己加入一个我自己不看好的项目，如果这个项目不好，给多少钱我都不会加入的。所以，我制定目标的大前提一定是自己认同且正在做的事情。其次，我自己确实曾多次一人完成整个项目的一半业绩。实际经验告诉我，我所制定的目标虽然有一定难度，但通过不懈努力我还是能够实现的。最后，在制定目标后，我会拆解成天目标、周目标、月目标，把500套销售目标陆续拆解到每一天去完成，避免只把远大的目标留在纸面上，也确保自己每天都在为500套销售业绩而努力。

所以，基本上我都会提前完成自己制定的目标。

常常是，当很多销售人员还在为每月销售五六套房发愁时，我已经完成了五六十套的销售量。

当我们想制定"能完成的目标"时，我建议注意以下三点：

我们的目标，应该非常具体，不能用虚空的词汇概括我们的目标，最好有可量化的数据。

比如，"这个月我要比上个月卖更多套房子""我要搞定哪些难搞定的客户"，等等，但是，这就是无效目标，因为这样的目标没有可量化的标准，自己也会很快就忘记。

不妨，这样制定目标，比如，用"这个月，我要在15号前就售卖5套房子，30号的时候，我要售卖10套""这周我改变自己接待客户的态度，搞定 4 位自己认为不好沟通的客户"。像这样把目标量化，我们就能在心里给自己一个任务，然后，按照这个具体的任务改变自己的工作方法和工作效率，就会事半功倍，很快就能完成自己制定的目标。

我们的目标，一定要想尽办法去实现，拒绝一切与目标背道而驰的行为。

为了实现目标，我们要懂得去选择实现目标的方式，选择很重要，对于不认可的方式更要懂得去拒绝去删减，比如老板让我们打 1000 个电话去寻找潜在客户，那只是老板的建议，而我们自己本身并不认可这个工作方式，觉得打电话很难找到客户，用这种方法根本不可能完成自己设置的目标，那么就要赶紧选择其他更有效的方式，一旦找到好的方式，就想方设法让这个方式行之有效。总而言之一定要找到合适的方式来实现自己制定的目标。

另外，计划一定要有始有终，且还要做计划的复盘。

我身边其实并不缺乏会制定目标的人。他们往往花一整天制定了完美目标，也非常认可自己制定的这个目标，可是，到了第二天就把目标抛在脑后，完全忘了自己非常重视也非常渴望实现的目标。

如此，再完美的计划，如果没有执行，都仅仅成为永久的盼望。

工作目标与计划的启动阶段，建议大家不妨使用6W2H原则。

6W，即是做什么（what），为什么（why），谁来做（who），什么时候完成（when），在什么地方着手做（where），用哪一种途径或方法（which）；2H，是指怎么做（how），预算需要多少（how much）。可以买一个专门写计划的笔记本，将6W和2H清清楚楚写出来，对于目标的落实，每个部分都想清楚，做到心中有数。这样，不管是销售房屋的工作计划还是实现个人提升的人生计划，都能更明确、更踏实地一步步完成。

业绩如此，回款我也会定一个目标，往往我都会给自己制定一个高于其他人的目标，倒逼自己提前把回款完成，也倒逼自己尽可能创造销售业绩的极限。

有太多人，喜欢拿公司要求的最低销售额来要求自己，比如，总产生"这个月，公司只要求我们卖3套，3套卖完了，可以躺平到下个月了"诸如此类的想法。

在我看来，公司制定的业绩目标是为了完成项目大目标而分配给每个人的小目标，其实，并不能真实地激发我们的潜能，我们的优势，以及我们挑战自我的动力。只有自己给自己制定一个更高的目标，我们才能够从所从事的工作上获得真正的成长和收获。

我从来不把业绩看小，也从不拿公司制定的业绩目标作为自己奋斗的业绩标准，更不会和任何人比较。

我，只和自己比。

所有事情，往更大的目标去奋斗，即便遇到业绩不好，成交量不高的时候，我也不会轻易放弃。

如果业绩不好，我会多总结分析自己的不足，审视自己是否足够努力了，然后第二天马上去纠正，继续朝着自己制定的大目标去奋斗。这种有目标的工作方式也让我在房地产销售行业，变得更有动力、更有斗志，也更有信心。

我也越来越明白一个道理：只有拥有清晰目标的人，才能取得成功。

人们常说，生活需要仪式感，才能感受到生活的意义。

所以，每天我都更换干净整洁的衣着，每周我都给自己买一束鲜花，每年我都会定期出门旅游一次。不过，我认为最重要的仪式感莫过于给自己的工作制定一个目标。故而，每隔一段时间，给自己制定一个小目标。

为完成目标，而努力度过当下的时光，人生才更有盼头。

忙碌 = 高效？

高效工作的秘诀，其实就是从工作中热爱生命热爱自己，当我们能够发自深意地热爱自己，就通彻了生命最深的秘密，也能更加晓得手中之事如何运转得当。

美国劳工统计局曾做过一项令人警醒的调查。

调查显示，在每天8小时的工作时间中，大部分人并没有在工作，员工会花更多时间在工作以外的事情上，比如浏览新闻网站，查看社交媒体，和同事讨论与工作无关的事情，寻找新工作机会，打电话给朋友，吃零食，查看股票，等等。即便在工作事务上，也常常被零碎的工作内容打断，比如发一封紧急邮件，给客户打一个电话，这些一想到立马就能去做的小事，也常常让我们无法高效地完成工作。

虽然这是一份来自美国的调查，但是也很适用于我们。

在我身边，就有很多人被困于这个局面，一天忙忙碌碌，加班加点，即便如此"辛苦""努力"了，却无法取得理想的业绩。

细探究，会发现他们的忙碌是无效的，真正有效的工作时间很少，是典型的低效勤奋者。

如此，怎会做到真正的高效？

那如何才能做到真正的高效呢？

可以肯定的一点是，注重培养高效工作的习惯。

高效的工作习惯，第一点就是学会计划和自我总结。

以我自己为例，每天早晨醒来，我都会花15分钟，按照重要性和紧急性把一天内要完成的任务一一列出来，做一个一天内的计划总结，然后按照计划去完成，不让它有任何遗漏。每天晚上，不管是9点下班到家，还是凌晨一两点下班到家，临睡觉前我都会给自己一个总结的时间。我会在脑海中把当天发生的事情都回想一遍：跟人说过的话有没有说错？跟客户的讲解哪里出现了问题？带看沙盘的过程有没有遗漏？面对不同身份的客户有没有心生偏见？等等。

相比于制定计划，自我反省更为重要。

这可能跟我的性格有关系吧！

出现问题后我首先会自责。

一旦工作中出现了问题，我首先会思考自己的不对。即便在众人面前碍于面子，有时会嘴硬不承认自己的错误，但是，回过头来我还是会自我总结自己的错误之处。这种自我批判性思维，恰恰让我学会了理性分析自身原因，然后，逐步改善自我、提升自我，让我在自我反省、自我改变中获益匪浅。

所以，某些时刻我特别感谢自己的性格。

这成为我工作当中最得力的盾牌。

在刚进入房地产销售行业时，我还不知道如何去判定客户，还仅凭借着行业里墨守成规的老套方法去判定客户。

比如，有次项目来了一个老年客户，我觉得成单概率低，恰好遇到其他事情比较忙，就没有接待。那天晚上，我回到家就开始自我反思，问自己：为什么老年客户就接不了呢？以前难道就没有老年客户成交案例吗？为什么别人能够接待，自己就接待不了呢？

我把这些问题一一在脑海里列出来，然后找自己的原因，狠狠地做了一番自我剖析与自我批判，并在心底暗暗下决心，下一次再遇到老年客户时就拼尽全力做到最好。

我想，若没有我这种自我反思的话，很多销售人员就会觉得老年客户接不了，原因就是默认成单率低，却从未在自己身上找原因。

其实，有这类思维的销售人员，一定也会把未成交的原因全部归结为：

客户资金不够；

客户说，还要跟家里人商量；

开发商太不给力；

老年客户，来遛弯的太多了。

……

以上，如是等等外在因素，全都成为他们不成交的主要因素。

但他们永远想不到的是：如果想把一件事情做好，把自己的问题改正才是问题解决的正解。除此之外，没有别的办法，单靠运气和幸运女神的垂青，只会让自己更容易迷失。

高效，除了制定计划和反思总结外，还要多多做正向反馈。

很难想象，一个连工作激情、自我活力都没有的人，能够高效地把工作完成。

所以，每过一段时期，我就会做一个阶段性的总结。给自己，准备一个笔记本，正面写自己的优点，反面写自己的缺点，以此，阶段性地观察和分析自己现阶段存在的问题是什么。

人无完人，每个人都有自己的缺点和弱点。

在这个世界上，基本上所有的事情我们都很难一下子就做到尽善尽美。但是，我们一定能做到的是，当我们工作上出现了"瑕疵""错误"时，不回避自己的错误，也不过于苛责自己，而是正向地分析问题所在，然后改正，抑或改进。

因此，出现问题后，我从不会一味地责怪自己，对自己做过于负面的评价，而是第一时间找来一个笔记本，正面写上自己的优点，背面写上自己的缺点，然后，坐下来冷静地分析一下自己的问题到底出在哪里。

直面自己的错误，甚至是失败，总结经验继续努力成长，我们就会惊喜地发现我们逾越的不是一条小溪，而是一汪大海。

不把时间浪费在已经过去的事情上，更不会一棒子打死自己。这是我对自己的"苛刻"要求。

当然，每完成一个阶段性任务的时候，我也会给自己一些奖励，让自己尝到高效努力工作的甘甜。

高效地做成一件事，往往能激发自己的成就感和自信心。

提高工作效率的另一个重要方法，就是持续不断地学习和输出。

学习，是一件需要持续终身的事，俗话说，活到老学到老，一点也没错。我们生在这个世上，就要活到多少岁学到多少岁，因为，深度学习是深度工作的前提。其实，刚刚讲到的自我反思也是学习的一种方式。

就拿我们从事的房地产销售行业来说，我们不仅要学习公司发下来的销售手册，更要去学习如何判定客户，如何接待客户，如何说话更能让客户产生信任感，如何打造自己能产生的客户复利。其实，不管从事哪一行业，我们都应该具备学习之心，只有像一个饥饿的人渴望食物那样渴望知识，我们才能真正改变低效的工作方式。

这，其实就是一个改变我们工作态度的过程。

切记，高效地获取知识，不是我们阅读了多少书，也不是我们听了多少课程，而是把这些所学的知识运用到实际工作和生活中，甚至是把你所学的知识、经过验证的经验，通过教给他人让我们自己获得提升。

莎士比亚曾说："人生苦短，若虚度年华，则短暂的人生就太长了。"

在我看来，一个允许自己处于低效工作之中的人，就是在虚度年华。他的看似忙碌，其实全都交付给工作之外的琐碎之中。因为，若能做到高效的人，绝对是可以在自己的领域内成就一番的。所以，我亦说，忙碌并不等于高效。

真正的高效，来自热爱，热爱我们的工作，热爱我们的生活！

由此，我们才可做到最好的提升！

在有鱼的地方钓鱼

真正会钓鱼的人，选准了地方，就不会轻易挪窝。一如，十年来深耕于商业房产销售行业中的我。

巴菲特的黄金搭档芒格曾如是说："在有鱼的地方钓鱼。"言说的虽然是股票投资，但是这一道理亦适用于销售行业。

世界上的消费者分为两种：一种，决定购买；一种，不决定购买。

习惯了即时满足心理的销售人员，就会很容易将时间浪费在那些永远都不会做出购买决定的客户身上。因为，他们从不用心对自身的工作进行分析，也不去花足够的时间去评估优质客户，更不去思考如何让优质客户成为自己的客户。

所以，他们永远在没有鱼的池塘里钓鱼。

那么，根本就钓不到鱼，不是吗！

如果逆向钓到更多的鱼，那么我们必须要到有鱼的地方去钓鱼。

于房产销售而言，我们需要去做的是分析自己的销售工作，审视我们的客户群体特质，认真思考我们怎么做才能更好地赢得销售这场战役。

根据我的十年销售经历，我可总结如下：

首先，明确描述出自己的客户是什么样的；

其次，想好应该如何与自己的客户打交道；

最后，提高自己的专业度、价值观。

说白了，就是对自己的销售工作做一个精准定位。

说起来，房产销售行业门槛很低，不过，这只是看似，若想做得好其实很需要过硬的基本功的。

我知道，大部分房地产销售人员基本都是从零开始，刚开始没有任何基本功的。刚刚踏入这个行业时，也是一脸懵的。不会给自己的工作做一个定位，更不懂如何跟人打交道，就别提如何分析客户、塑造个人形象了。

定位没有，方法没有，技巧更没有。那应如何做？

大多都是根据老销售给的一套老掉牙的销售策略进行实践。比如，客户是男的就叫哥，女的就叫姐，以为这样可以先拉近了关系。殊不知，你不仅拉低了自己，还阻碍了客户对你的信任度。再比如，一上岗就直接利用所谓的卖房技巧跟客户交谈，很容易就做出伤害客户的事，将客户抵挡在外。

所以，我建议所有的销售人员在进行售卖之时，或真正售卖之前，去好好地学习。

学习为自己的工作做一个精准定位；学习如何跟自己的客户打交道；学习提高自己的专业度、价值观。继而，也就学会了如何接待客户，学会了如何打造自我信任度，学会了更深入地了解房地产销售秘诀。

当这些功课修炼好了之后，再去接待客户售卖房子，我们就会对客户有一个完全的把控度，也不会做出无用的同质化的工作，以及伤害客户的事情了。

回到销售卖房上，这时的我们就处在了有鱼的池塘之中了。

从业至今，已有十年之多，我始终笃定这一道理。
也确实证明，我在这一领域里，收获了很多，很多。

那么，有人会问："你心中的客户是什么样的呢？"
答曰："所有。"

所有来售楼处的客户，皆是我的客户，我都会认真、热情地去接待。不放过任何一个客户，也就抓住了所有有效客户。

"不对客户称兄道弟、叫哥叫姐的，那么，你又是怎样和客户打交道的呢？"

答曰："称先生、女士。"

这称呼，是对所有客户的尊重。本就是相对关系，没必要牵强拉近关系，因为陌生，不会真的形成亲密关系，所以，还是站在尊重的角度最佳。他／她获得了尊重，亦会反馈给你以尊重。有尊重这一媒介，你们所处的关系就是平等的，介于半等之中，你们的所有交易也是最公平的。

"提高专业度，还有价值观，具体要如何做呢？"

答曰："互联网下，知识海量，你可以多看、多总结各种销售技巧，即便不是同一行业，但是销售道理是相通的。另外，围绕着房子本身，你将政策、优劣都熟知，专业度就高人一等了。"

所谓价值观呢，是我们要真诚，真诚下的价值观会带给我们无限的被信任感。客户的信任，是我们作为销售人员最大的财富。

当我们这么做了，我们就遇到了我们的有鱼池塘。

其实，当我们做到上面的三个条件后，我们的复利也就来了。

这里，我讲一个故事来更好地诠释吧！

乔·吉拉德，是世界上最伟大的销售员，他保持了世界汽车销售纪录：连续 12 年平均每天销售 6 辆车，也因此被吉尼斯世界纪录收录为世界销售第一。他有一句名言，至今深深影响着所有销售领域的销售员，即："买过我汽车的顾客，都会帮我推销。"

出生于美国底特律市一个贫民家庭的乔·吉拉德，也并不是天才销售员。

9 岁时，为了生活，他开始给人擦鞋、送报；16 岁时，离开学校，做了一名锅炉工，却因工作原因染上了严重的气喘病，还因此患上相当严重的口吃。

为此，吉拉德换过了不下 40 份工作，人到中年仍然一事无成。

35 岁那年，他还不幸破产了，负债高达 6 万美元。为了能够活下去，身无分文的吉拉德走进了一家汽车销售店，应聘了销售员。当天，他卖出了人生第一辆车。那天，他向老板提前支出了薪水，到超市给老婆、孩子买了当天果腹的食物。

如果说，前期吉拉德的成交案例只是迫于生存压力的驱动，那么，后来发生的一件事情，就是扭转吉拉德人生的契机。

那天，他向一位开办殡仪馆、主要为新教徒服务的顾客销售了一部汽车。交易后，他问顾客一场葬礼平均有多少参加者。

顾客说："大约 250 名。"

吉拉德由此意识到，大多数人的一生中都有 250 名重要的、有资格被邀请参加其葬礼的相关人员。那么，每一位与你做生意的顾客都代表着 250 名潜在顾客。如果你的服务出色，你的每位顾客就有可能推荐另外 250 人与你做生意；反之，如果你的服务拙劣，你就会塑造出 250 个敌人。

著名的"250 销售定律"，就此诞生。

由"250 销售定律"，乔·吉拉德得出如此结论：在任何情况下，都不要得罪哪怕是一个顾客。

故而，在乔·吉拉德的推销生涯中，每天都将"250 定律"牢记在心，抱定生意至上的态度，时刻控制着自己的情绪，不因顾客的刁难，或是不喜欢对方，或是自己心绪不佳等原因而怠慢顾客。诚如他所言："你只要赶走一个顾客，就等于赶走了潜在的 250 个顾客。"

也因此，遵循"250 销售定律"的乔·吉拉德，因售出13000 多辆汽车创造了商品销售最高纪录而被载入吉尼斯世界纪录。

所以，当有人问我是如何获得客户的，我告诉他们的就是这个"250销售定律"。

从业至今，我扩大客户的办法一直遵循着吉拉德"250销售定律"。

所以，在接待客户过程中，我一定要做到极致，如果说我做到了极致后，客户仍没有购买，走掉了，我也不会有任何的遗憾。

所以，真正获取用户的方法，就是接待好我们遇见的每一个客户，无论他最终能否成交，且在任何情况下，都不要得罪一个客户，哪怕是一位我们知道无购买能力的客户。

事实上，我们若做好了"250销售定律"，那么，我们的销售市场就是一个有很多鱼的市场。

就像现在的我，客户几乎全部都是老业主，以及老业主带来的客户。他们的认可、信任，成为我最大的客户资源。

所以说，"在有鱼的地方钓鱼"是个我们定位自己、定位工作、提升自己、提高自己的真诚过程。

我们若这么做了，相信无论在任何销售领域，我们都可以打下一片广阔天地！

劈浪前行，创自己的销售奇迹

当初被人嗤之以鼻的顺义，成了我的转折点。我不仅用"疯"的努力，实现了商业地产个人的销售奇迹，更重要的是收获了来自公司和业界的认可。

尼采在《查拉图斯特拉如是说》中曾说："如果这世界上真有奇迹，那只是努力的另一个名字。"

是的，这句话真的言之凿凿，对我来说，也是真实验证过的。

几年前，公司在房山的某个项目结束后，一直没有新项目启动。如此，我就处在了一个空闲的状态。同事们也一样，于是，我们一群人每天的状态不是刷手机、逛淘宝，就是对着窗外发呆。

说来，很是浪费生命的一种令人崩溃的状态。

没多久，领导开会说，顺义有一个新项目启动，问谁愿意过去。

当时大家听完后，纷纷抱怨顺义太远了。

确实，从房山到顺义，北京的大南边到大北边，差不多往返要 200 公里，开车至少要 3 个多小时，这还得是在不堵车的情况下，最理想的情况下来回也要 6 个多小时。更何况，北京的交通很少有理想的状态。

这就意味着去顺义的项目，每天耗在路上的时间至少以五六个小时来计算。

所以，我在的项目组的同事没有一个人想要去。

他们一个个都在那里嘀咕："谁要去？去的人，怕不是疯了，就是傻了。"

可是，我要去。

当我跟领导说"我可以去顺义的项目"时，所有的同事都像看怪物一样看着我。他们一个个脸上都写着："这人，怕是疯了吧！"

No！我没疯。

我当然知道，从房山到顺义，除了搭上超长的时间外，还有金钱。毕竟，开车 200 公里的油钱也不少，更何况项目期间如果没有成交也就只有 4000 元的底薪，再加上吃饭，说不准一个月都白干。

可是，我考虑的绝不是这些。

我唯一考虑的是，不要浪费自己的时间。对我而言，金钱乃身外之物，没有了可以再挣，但是，时间不一样，浪费了就追不回来了。浪费时间，简直就是一种慢性自杀。

最重要的是，我还有一个坚定的后盾——我的妈妈。

在我待在房山售楼处无所事事的时候，妈妈就对我说："你这么年轻，这样耗着，时间都浪费了。每天不是刷淘宝，就是望着天花板发呆。生命嘛，在于运动，你得动起来了，动起来一切就会更好。"

我的妈妈，她虽不是什么智者、哲理家，但是，她说的话却句句在理。

在我心里，她是最智慧的，价值观亦从来都非常正，想法总是超脱于很多人。

所以说，有时候聪明和智慧真的是两码事。

聪明是一种生存的能力；而智慧则是生存的一种境界。

在妈妈淳朴建议的启发下，我就真的动了起来。且，这一动就是 200 多公里。

每天早晨，天还没亮，我就早早起床。

衣装，依然是我最重视的，穿好提前备好的衣服，弄好发型，穿上鞋子，在六点半的时候，我就准时出发了。

如果不堵车的情况下，开车到顺义差不多两个小时。但是，在北京不堵车可以算是个奇迹。所以，每一天，我不是堵在四环路上，就是堵在五环路上。堵得十分严重时，我就找一个服务区简单吃个泡面之类，等路况缓解了再继续走。晚上九点下班，我开车回到房山时，往往是当天的十二点了，收拾收拾，每天都是在凌晨一两点才真正睡下。

不过，第二天我依然能保证六点前起床。

每天，上班对我来说就像投入到一场征战之中，非常奔忙的状态。

但是，到了销售现场，我就会彻底放松下来，因为销售现场是属于我的地盘。在我的地盘，我是由衷的兴奋，一张脸始终洋溢着笑容，内心亦非常开心，能接待客户，能跟客户侃侃而谈，让我觉得每时每刻都没有白白度过。

每次，房山的同事看我，就跟看疯子一样，纷纷劝我："你图什么啊？每天那么老远地奔波。"

每次，我都笑笑回复他们。

他们不明白，时间对我的重要性。他们也不能理解，每天劈浪前行，对我的意义。

不浪费时间，不原地打转，于我，即使劈浪前行，哪怕披荆斩棘，我都是开心的，因为我觉得这样活着才是值得的。

成交量，说来竟然是最可喜的。

在房山同事们的"观看"中，4个月的时间，我一个人竟然卖了整个顺义团队一年度的业绩。为此，我不仅挣到了不菲的佣金，还获得了公司授予的销售荣誉。

我去之前，顺义项目早就有一个销售团队了，他们早我3个月就开始售房了，但是，我只用了4个月的时间就赶超了他们一整个团队7个月的销售业绩。对于当时的商业房地产界，这就是个奇迹。

于是，一时间，"李启畅"这个名字在圈内几乎被传成了神话。

这，对我而言，是对努力的一种印证，是对不浪费生命的一种致敬。能抵达自己销售业绩的一个奇迹，能收获来自公司和业界的认可，多"疯"的努力对我都是值得的。

因为，这些远比金钱对我更有价值，亦更有吸引力。

话说，在青春年华里，年轻人应当努力奋斗，应当充分用好当下的时间有所作为，如此，当回首时才可以问心无愧地说没有虚度年华，因为，在时间里有留下我们努力的足印。

如果，你真的为一件事情拼命过，就会知道勤奋会得到甜美的报偿，相反，虚度时间也会受到虚度的惩罚。

当初，曾为我支招让我放弃的同事，也成了最羡慕我的人；那些选择留在房山项目的同事，也大都在原地打转，4个月没有什么收获；更有很多人后悔说："如果自己当时去顺义，也能……"

时间，哪能追回，一切都后悔莫及。

拨开时间的云雾，到现在我都还是很感激妈妈当时的鼓励，以及当时努力拼搏的自己。

一个人的成功，就是得在切切实实的行动中实现。

只有真正的行动起来，紧紧把握住时间，不去计算所谓的成本，只一心扑在要完成的目标上，才能收获成功的食物和荣誉。

所以，无论你现在处在什么行业，在做什么事情，千万不要虚度年华、浪费时间，要意志坚强，更要勤奋探索，珍惜前进道路上降临的每一个机会，用努力和真诚的欢喜，创造属于自己的那份奇迹。

劈浪前行，披荆斩棘，永远是这世间最美好的字眼。

努力吧，青年！

第四章　读懂你的客户时，你就价值百万

一个真正的销售员，不是单纯地推销。

他能够从各方面学习，不断补充自己，完善自己，把销售学、心理学、经济学等知识融会贯通，能比别人读懂客户不会说的一面。

那么，这样的销售员，就价值百万。

你的客户，是什么星座

也许，星座不是一把万能钥匙。但是，星座会为你打开一个崭新的视野，很多你搞不懂的事情，往往就能迎刃而解。

12 岁那年，在父亲一位朋友的影响下，我开始喜欢上研究

星座。后来，我惊喜地发现，自己在工作中若用星座理论去了解自己的客户，好多问题竟然能迎刃而解。

比如，在我的卖房经历中，有非常多通过提前了解客户的星座，而促成成交的案例。

记得我在做第一个项目时，遇到一个在朝阳区卖飞机的客户。她在售房现场看中了一套带跃层的房子，大约三四百平方米，并且资金充足。然而，她总给人一种很傲、很高冷的感觉。

我自己本身也是一个比较严肃的人，对于第一次见面的客户不会走太近。另外，走太近的话，会给人很强的销售目的。

所以，我就在后面跟着她，给她讲解。

第一次，没买；第二次，仍没买，但是，我能看出她非常喜欢那套房子。

她第三次来的时候，出于好奇，我就随口问了句："你是什么星座？"

她说："我是狮子座。"

我顿时就开悟了。怪不得那么高傲！原来是不低头，低头皇冠会掉的狮子座！

当下，凭借着对狮子座的了解，我展开了工作。

我特别了解狮子座为何会表现得如此高冷，其实，他们非常之善良，也非常好相处，只不过自尊心太强，怕自己不好的一面暴露出来，于是，就用高冷的外壳来保护自己。

说白了，狮子座极其的要面子，要拿下狮子座就要找准机会，狠狠地赞美她。

我一般不会无缘无故地硬夸客户，幸亏那位女士确实非常优秀，有很多值得赞美的方面，在一顿猛夸下，三次看房都没成交的她，最后买下了那套她非常喜欢的跃层复式。

这是我第一次用星座知识来认识客户，并成功成交的案例。

如果没有星座知识，恐怕她反复看很多次房子，我都无法找到她真正的需求。后来，我试着用星座知识去了解我的客户所需，真的是屡试屡成功。

我曾接待过一位巨蟹座的客户。

这位客户，是一个年纪跟我相仿的独立设计师，单身女性。她来看项目时已经是晚上八点多，看她一脸疲惫，我没直接跟她讲房子，先给她倒了杯水，让她坐下来休息休息。然后，我就跟她聊天，聊一些轻松的话题。

最后，我问她是什么星座，怎么这么拼命，下班还来看房子。

她说她是巨蟹座。

果然，如我所料。

于是，我就给她介绍这个项目周边的餐厅，有海底捞、星巴克、绿茶等，还跟她聊哪家店的饭菜比较好吃，最后，还告诉她这周边有电影院、健身房等。因为我知道巨蟹座很宅，喜欢研究家居、做饭，我聊的这些都是她内心最关心的。

所以，话题打开，我们聊嗨了，一聊就聊到了晚上十一点多。

第二天，她就过来把房子定了下来。

其实，我们聊房子的时间不到半个小时。

关于如何跟不同星座的客户打交道，下面我会将要点总结一下，相信肯定会让你跟客户打交道时提升一级。

火象星座：狮子座、白羊座、射手座。

性格特点：热情，又爱激动，容易头脑发热，喜欢被夸奖。

这类型的客户，因为感性，脑洞都比较大，所以，你要快速抓住他的需求点，知道他想要什么，同时给予他夸赞，这样就会很快成交。

土象星座：金牛座、处女座、摩羯座。

性格特点：比较理性，敏锐度高，悟性强，很有主见。

这类型的客户，有主见、非常理智，买就自己买，不买的话说破也没用，并且他们还很反感被别人夸，尤其是被陌生人夸，因为这样会让其觉得你有所图，也会让其感觉不舒服。

对他们，最大的套路就是没有套路。

所以，跟他们打交道，少废话，讲事情干脆精简，逻辑思维要强，要清晰，并且告知风险，告知利弊，然后表达出来诚意，让他们自己做选择。这样，肯定能够很快成交。

风向星座，双子座、天秤座、水瓶座。

性格特点：非常聪明，有非常强的洞察能力。

面对这类型客户，最好老实点，不要搞小动作。不过，风向星座比较温和，看破不说破，不会像土象星座看破你必须说破，让你知道自己几斤几两。

风向星座成交秘诀，就是一定要替他们去做选择，因为风向星座的人非常纠结、犹豫。如果让风向星座的人做决定，那几乎就卖不了了。

水象星座：巨蟹座、天蝎座、双鱼座。

性格特点：比较温和、敏感细腻，最害怕被欺骗，也喜欢察言观色。

面对这类型客户，一定要真诚，一五一十地去讲。水象星座的人就是水做的，比较容易伤心，尤其在晚上喜欢去思考人生。所以说你一句话不注意伤到了他们，他们就会记在心里。

跟他们说话的时候，还一定要注意他们的感受，哪怕一个眼神不对他们都会不舒服。

也许，星座不是一把万能钥匙。

但是，作为销售员了解星座知识，真的会为你打开一个崭新的视野。相信我，试试看！

你的客户，是什么颜色

你知道吗？我们每天接触的客户，其实有不同颜色。若是不知道星座，不妨先从判断 TA 的颜色开始。

经常听到身边的销售人员抱怨，客户很难沟通。

其实，这是他们对销售的底层逻辑不懂造成的。太多销售人员，以为销售就是卖东西给客户。

其实，不然。

销售，不仅仅是一份卖东西的工作，它是以人性为主线，包含了营销学、广告学、心理学等知识范畴。

其中，心理学的一个分支——性格色彩学扮演很重要的角色。

后来，上了大学，闲暇之余因为好奇，我就自己系统地学习了性格色彩学。没想到的是，这个性格色彩学竟然能够运用到工作中，并且给了我非常大的帮助。

比如，我们刚接触客户时，不可能开场白就问人家是什么星座。

但是，我们却可以从客户的说话方式、行为动作、穿着等方面，来判断客户是冷静还是激动的，是犹豫还是谨慎的，是信任还是疑惑的，如此等等，从而来感知不同客户的颜色。

当你给他们讲解完房子的基本情况后，红色客户会说："哎呀，挺好的。"比较直接，能够马上给到你他的感受；蓝色客户会说："还好吧。"不会给你他的感受，他们的风险意识比较强。

有些客户，在你介绍的时候，如果你有一句废话，他们就会跟你说："行了，你直接跟我说重点吧。"这个，就是黄色客户了。因为，黄色客户非常注重效率，喜欢听结果，不喜欢听过程。

还有一类客户，在你介绍的过程中，他不会明确跟你说好还是不好，比较犹豫不决，会说："我觉得也挺好的，但也不知道买不买，还想问一下家里人。"这个，就是绿色客户。

如此，可以将不同颜色的客户，划出一个特质来。

红色客户。往往直接，非常热情，希望被他人认可，非常感性，平常注意的是人的情感，不太注重事儿，先把情绪哄好了，怎么都行，情绪不好的时候谁也别好。

黄色客户。果断干脆，追求的是效率，看重的是事情的结果，目标性非常强，不喜欢听废话。不谈感情，只谈事情，跟红色客户是两类人。红色和黄色性格的人基本上不管是朋友也好，或者是情侣也好，父母也好，很难在一个频道上，吵架都吵不到一个点上。

绿色客户。犹豫不决，追求世界和平，从来不与他人发生争执，性情温和，也不知道自己的需求是什么，需要问别人，让别人给他下决定。

蓝色客户。谨慎保守，风险意识极其高，有条理，有原则，所有情感不外露，永远不会说"一定"和"肯定"之类的话，不会快速做决定。因为他需要回去再确认，确认他会把风险降到最低。

明确了不同颜色客户的特质，那么，接下来分享的就是针对不同颜色的客户，拿出怎样不同的谈判小技巧了。

红色客户，你要把他们的情绪安顿好了，不要让他们生气，要让他们开心，认可、赞美他们，他们大概率会成交。

黄色客户，沟通时不要讲废话，直截了当地说产品的价值点、最终价格，告诉他："得您这边自己做选择。"如此，他如果真想买就会很快下单。

蓝色客户，他如果有十个问题，你就再赠送他十个问题，比他还保守、还谨慎。

绿色客户，在他犹豫不决的情况下，你一定要替他做决定。

曾经我遇到过一个非常典型的蓝色客户。

这个客户，拿着一个特别大的笔记本，笔记本上记着密密麻麻的问题。当时，看见他之后，现场的销售人员谁都不愿意去接待。

而我就判定他一定是蓝色客户。于是，我就上前，跟他说了一句话，我说："你说的这些问题，不足以支撑作为最终选择这套房子的原因，你的问题只是一些皮毛的问题，我给你列一些行业内更专业的问题吧。"

我这么一说，客户就非常感兴趣了。

然后，我又说："现在先解决你的问题，再解决我给你罗列出来的问题。不管你今天买与不买，这些问题带走之后，在其他售楼处你都会用得到，在未来买房时也会用到。"

他当时带了有 20 多个问题，仔细听完后，我一一给他做了分析讲解，之后，我又赠送了他 20 个问题。当天他没有成交，而是带着我赠送的 20 个新问题走了。可是，第二天，他就来售楼现场成交了。

话说，我虽然是站在色彩学的角度上，来接待这个客户的。可是，转到销售学上，这其实是与跟客户建立同盟一个道理，要站在用户角度出发，去解决他们所担忧的问题，不要觉得客户"真麻烦""事真多"，其实不是客户事情多，只是我们不懂客户而已。

所以，我常说："一个真正的销售人员，不是单纯地推销，他要能够从各方面学习，不断地补充自己、完善自己，把销售学、心理学、经济学等知识融会贯通，这样，一定会成为一个读懂客户的超级销售员。"

那么，这样的销售人员，无论时代怎么发展，无论从事什么行业，相信一定是行业的翘楚。

销售人员要看客户的身份吗？

我和其他销售人员，最大的区别是，其他销售人员让客户记住的是房，而我让客户记住的是人。

在接待过程中，很多销售人员只接待一些看起来成单率高的客户，把不成单的原因全归结到客户身上。

其实，真正强的销售人员不看客户身份。

我遇到过太多处事灵活、十分聪明的销售人员却喜欢根据自己的"判断"来选择客户。他们会根据客户来访人数、形态、外表、开什么车、住在哪里等因素，来自行判断客户的购房能力。

说实在的，这样的做法，真的是聪明反被聪明误。

因为，往往他们自以为是的小聪明，导致他们白白错过很多潜在客户。

下面，我列举一些常见的"自我判定"，不妨看看你有没有中招：

1. **来访者，一位已婚女性。**

潜意识认定另一半没有来，还需要回家商量，当天不会成交，所以简单介绍一下，草草了事；但是，实际上现代社会男女平等，并非过去，不是所有事情都由男性决定。

2. **来访者，一位单身女性 / 男性 / 刚毕业学生。**

潜意识认定其需要跟父母商量，当天也不会成交；但是，实际上现在的单身人士很有经济实力。

3. **来访者，一位老年人。**

潜意识认定老年人不能做主，需要回家跟孩子商量，当天也不会成交；但是，实际上老年人买房才不需要和任何人商量，来看房都有一定经济基础。

4. **来访者，是帮朋友来了解，朋友在外地。**

潜意识认定其需要跟外地朋友隔空商量，是个漫长又不靠谱的事情，当天也不会成交；其实，通过电话或者视频就可以给外地朋友讲解清楚，而后可收取到意向金。

5. **来访者，穿着朴素，甚至不太得体。**

潜意识认定客户没有经济实力，没有购买力，一定不会成交；其实，越有钱越低调。

6. **来访者，开着豪车。**

潜意识认定客户有钱，有实力，一定会成交。殊不知，万事皆可杠杆的时代，人人都可以拥有豪车。

以貌取人，这真的是销售上的一大忌。用自己片面的判断，直接给客户贴标签，要知道，这样会为此白白丢失很多大客户。

除却这些，你有没有想过一个问题？就是当一个家庭里所有角色都到场后，你的成单率反而更低。七大姑八大姨的，你一嘴我一嘴的，意见更不容易统一，那么，定下来的概率就更低了。

同事们都好奇我为什么会男女老少通吃，谁的单都能做。其实，道理很简单，任何人，只要来到现场，我都会一视同仁，一样热心真诚地去接待。我绝不会戴有色眼镜，戴了那就是对销售职业的一种侮辱。

那天，有一位八十多岁的老奶奶来到售楼处，腿脚不太好，是被人搀扶着进来的。看到老奶奶，一大群聚着的同事，竟各自散开，眼神里还全都是对老奶奶的排斥。

看到这些，我忙上前去搀扶着老奶奶，热心地给她讲解。

老奶奶耳朵背，所以我就大声地给她讲解了四五个小时。当时，我并没有想着一定要成交，我只是尊重我的每一位客户。而结果则是令所有在场的同事惊掉了下巴，也个个表现出懊悔不已的模样。

是的，老奶奶当场就定下了一套房子。

原来，老奶奶是一名高校教授，她已经去过很多售楼处看房，同样，像今天一样很多人都不愿意接待她，即使接待了也很冷漠和不耐烦。她心里就是想要在一个真心接待自己的人手中买房。以为遇不到了，没想到真的遇到了，所以，当下她就下了单。

我还遇到过这样一位客户。

一位五六十岁的阿姨，她来看房时，穿着非常朴素，还带着一个 30 多岁坐轮椅的儿子，儿子的嘴巴不停地流着口水。可想而知，这次销售同事们躲得比老奶奶那次还远。

当时我的心里还真不是滋味。

作为销售人员，真的要共情，要心地善良。不管人家买不买，总要笑脸相对。人家来看，就说明有所需，适不适合，了解后才能知晓。结果，本来高兴的事情，来了还要看销售人员的脸色。这样，放谁身上都是难以接受的。

做事情还是要易地而处！

于是我迎上去，不刻意迎合，但足够真诚。

后来，阿姨在我接待的过程中，跟我打开了心扉。据阿姨所说，她住在三里屯，是某银行的高管，儿子曾经也特别特别优秀，但是，疾病的到来击垮了她的儿子，她的儿子不幸得了脑血栓，从而截瘫了。她买房也是为了给儿子一个好的环境。

结果，这单也是当场成交。

我的同事们依然惊呼、后悔，说："早知道这样，我接待我也能成。"

可是，戴着有色眼镜的你们，真的是太以貌取人了。

当然，销售本身是复杂的，不能一概而论。

但是，原则却是共通的，你谨记于心，你就离成单进了一步。

不同身份的客户，在接待过程中也是很有技巧的。

如果，你是个女销售人员，接待男客户时应该怎么说呢？

第一，男人通常自尊心比较强，不管是单身男士，还是携妻子或女友来的男士，一定要夸他。

如果，是一位女客户，我们接待时应该怎么说呢？

比如，已婚女士，我会跟她说："现在都是女性做主，你老公肯定特别宠你，让你一个人出来看房，肯定是你喜欢他就可以了，你在家里面的地位肯定挺高的。"

单身女士，我会这样说："你真厉害，你的思维太超前了，这样挺好的，等结了婚，有了孩子，真的会耽误奋斗，你这样真好，我特别羡慕，独立、挣得还多，能为自己的房子买单。"

十年从业生涯里，我成交过无数的年迈客户，也成交过无数穿着朴素坐地铁而来的客户，还与无数单身女性，以及无数刚毕业的年轻人成交过，这些人群，几乎是大部分销售人员不愿意接待的客户，然而，他们却是我成单最大的客户群体。

年迈的老人，或许是老教授、老科学家；穿着朴素的客户，往往是些高知精英；单身女性，或是女强人也说不准；刚毕业的年轻人，或许是创业奇才，总之，绝不要通过世俗的外表去衡量客户。

请谨记一句话："所来皆客户，所来皆笑对。"

纪伯伦曾说过："大殿的角石，并不高于那最低的基石。"

作为销售人员的我们，一定要把这句话谨记于心。

以平等心，待所有人。

那么，这也会成为你抵达销冠的路径。

我不一样的销售方式

只要接待一个客户，我就要做到极致，哪怕最后没有成交，起码我不会有遗憾。

在整个销售过程中，我始终认定的原则是：站在客户的角度上思考。

说白了，就是读懂自己的客户角度。

在我们的行业内，销售人员最避讳的事情，就是跟客户提及竞品项目，并且，这一点所有的领导也是强调了再强调，一定不要提竞品项目。这是因为怕客户了解了竞品项目，会去做竞品比对，而我们便容易流失客户。

但是，我的想法，与他们却恰恰相反。

这是因为，我首先站在了客户的角度思考这个问题，如果我是客户，我肯定愿意做货比三家的事情，然后，选择最优品。所以，完全没有必要捂着、掖着，反而，你去帮客户分析了竞品的优劣，有了知己知彼的优势，更容易将自己的项目产品优势呈现出来，并且还收获了一波客户对你由衷的好感度。

所以，在每次接待客户时，我会专门找出一个时段来给客户讲解一遍所有竞品项目，并且，还把当下北京各区域的发展规划也都讲一遍。我敢保证，我的客户中没有一个因为我讲了竞品项目而走掉的，反而，他们对我的信任度更高，觉得我很专业，很坦诚。

在同等匹配度上，我的客户都首选我在的项目产品。

确实，我做了客户本来需要一趟趟跑不同售楼处的工作，并且，分析的条条框框，有理有据。

所以买我的产品他们何乐而不为！

如此，我有必要去打击竞品项目，去诋毁竞品项目吗？

另外，在我们行业里，还有个狼性销售技巧，术语叫"逼定"。

所谓逼定，就是逼客户订购下定金。

说实在的，我真的很反感这个词，我觉得它特别世俗、特别LOW。我记得，曾经有位领导竟然跟我讲："你不需要讲那么多政策，客户未必会喜欢听，直接算价格逼定就可以了。"

当时，我就表示很反感，我执意把大部分时间放在讲解购房逻辑上，即：

1. 为什么要购房？

2. 购买什么样的房子？

3. 为什么要选择我们？

4. 在售的竞品项目有哪些？

5. 我们的价值点在哪里？

我就是要站在客户的角度，来想出客户购房时所想了解的问题。尽管讲解以上几点，每次都要花费掉大约一个半小时，但是，这个过程我却至为享受，因为，从中我不仅可以观察到客户的兴趣点，还能挖掘到客户的真正需求。如此之下，我可以更进一步站在客户的角度给到他更合理的购买建议。

从入行之初到现在，我依然这样做。

中间，也有很多领导表示很不理解，但是，凡事都没有真正的条框，销售更是，每天面对各行各业的人，需要的更是我们的随机应变。所以，我始终坚持做我自己，只要做了我自己，我才可以真正地支配自己的想法，才能真正地服务到自己的客户。

因此，不管客户量多大，售楼处多忙，谁也不能打乱我这节奏。

这么多年，我也都笃定地认为，接待一个客户就要做到极致，成交不成交不是标准，起码我没有遗憾。

收效，是对我这样做的最大鼓励。

凡我接待过的客户，都非常认可我、信任我，即使其因各方原因不能购买，也会带来有所需的朋友。我之所以能一直做到销冠，绝对跟客户带给我的这些增值销售有很大的关系。

在我们行业里，还有个更令我拒之千里的行为。那就是，打陌生电话。

几乎所有的项目领导，都会吩咐销售人员打陌生电话拜访获客。但我从来不打。我虽然没打过，但是我清楚地知道，房产电话打出去十个九个被挂掉。

因为，这就是客户心理。

买房这么大件事，哪是你打个电话就能说服人家来买的。有需求，人家肯定第一时间到售楼处来看。毕竟，不是一点半点的钱，不了解透彻，谁会轻易买单？

所以，有打电话的工夫，还不如认真接待每一个登门拜访的客户。

因为打电话销售，无异于大海捞针，浪费时间。更因为，凡来售楼处的客户，绝对是有效客户，即使当天不买，当月不买，当年不买，若你用专业、诚信打动了他，他永远是你的客户。

曾经我的几个同事见我从不打电话，就跟领导抗议，要求自己也不打。但是，他们不明白的是，我虽然不打电话，但是我跟领导保证的是用每月超额完成任务来对赌的，不然，领导凭什么给我开绿灯？

我们要的结果是一样的，过程我自有一套。

有太多人，好奇我的逆袭。

因为，我这样不按常理出牌的奇葩，却可以月月、年年做到销冠，真的是奇迹。

但是，有一点，他们肯定不知道，我所有的奇葩点，均来自我对客户的同理心。

我，是永远站在客户的角度来制定自己的所有作为。

我的人设、我的诚信、我的专业，均和客户购买所需心理息息相关。

这，也是我做到销冠的秘诀之一。

第五章　小成功靠个人，大成功靠团队

在很多人失去工作的 2020 年，我们团队的每个人年薪都比较可观。这，让我更坚信一个道理，团队的力量坚不可摧。

从基层，到管理者

管理者，不是团队的受益者，更应该成为牺牲者、奉献者。

从业这么多年，我特别喜欢自己的基层销售工作。

每天，我都期待着自己会遇到什么样的客户，也特别享受每月月底业绩排行榜上自己名字排在第一位的荣誉感。

这，对我而言，很具成就感和荣誉感。

自始至终，我从未有过"仕途心"。

我，始终认同自己的佛系之心，不争不抢，只扎实地做自己。

但是，在做基层销售的第五年，我当时的领导就一直反复对我说："启畅，是时候了，来做销售经理吧。"

每次我都用还需要再学习学习的理由来拒绝。

说实在的，初入这行，我就怀着"不想当领导，只想挣钱"的想法。事实上，我真不喜欢"仕途"，对当领导真的提不起兴趣来，更何况，我是一个那么随性、爱自由的人，讨厌条条框框的约束，更讨厌开漫长无意义的会。

所以，那一年里，我不知拒绝了领导多少次。

不过，到了第六年，我"妥协"了。

缘由是，这一年虽然我一个人的业绩很突出，但是，我所在的整个项目组的业绩极其差。每次开会，上面领导必定点我们这一组，并且，有太多次上级领导直接找我谈。

说实在的，这样的处境真的令我十分尴尬。

更甚的是，我们组的项目经理被事态所逼也辞职走人了。而彼时的领导请我吃饭，对我进行一番劝说。久而久之，我都觉得自己过于自私任性了，于是，在领导的劝导下，我最后还是同意了。

但是，领导哪是这么好当的。

人常说："个人工作能力强的人，未必适合当领导。"这句话真的言之凿凿，应验到初步入领导岗位的我的身上。

管理层，跟基层完全不在一个线上。

当然，卖房，我自有自己摸索成功的一套。但是，做管理者我一没头绪，二没思路，最大的问题是还不好意思。因为我不知道如何面对同事，毕竟昨日我们还是同等的基层销售，转眼，我就成为他们的领导，他们在心底不服也是人之常情。

所以，最初的工作我真的是做得一塌糊涂。连我自己，都怀疑自己了。

幸亏，有懂我的领导。他一语点醒我这"梦中人"："启畅，你得好意思啊，好意思了才能把所有的事情都理顺。你要想办法协助大家提升业绩，帮大家谈客户，这样对大家好，对整个团队也是好的。"

经过点拨加自己的努力，很快，我找到了管理者的秘诀和方法，探索出了一套自己的管理方式。

首先，我找到了跟原先同事关系的处理方式——平起平坐。

以我自己为例，我也从心底里排斥管理层。

因为有太多的管理人员给人居高临下、高人一等的感觉，跟员工的距离不亲近，开会的时候还总在说教别人。还有就是，实质业务上不帮忙，反而将更多的精力放在维护"向上"的关系上。这样的领导怎么会不随意伤害员工的自尊与自信，不将自己的情绪撒在员工身上呢？

所以，这样的领导，员工表面上视你为领导，但心里肯定会各种不服。

如此，一番倒推之后，我给出了自己这样的结论："我不要成为那样的人，要做的话，就让彼此舒服。"

如此，我带领团队时，出现了如此和谐、岁月静好的局面：我和他们，与过往一样平起平坐；团队里，哪个小伙伴有解决不了的问题，就随时过来找我，我会尽自己所能帮其解决；工作中，从没有谁叫我什么领导之类，和过去一样，大家还是直呼我的名字。

现在的我们成了公司里最融洽、最团结的团队。

其次，我理出了团队业绩的有效方法——协同。

我的销售能力，是大家有目共睹的。但是，我一个人的销售业绩，只是一个人的，在团队里也是甚微的。若要团队每个人的销售业绩都好，那就需要我的协同了。

其实，做到管理层，就不需要事事亲历亲为了。

所以，在我们行业里，做到我这个层级的人就很少有人再去做销售方面的具体工作了。

但是，我不要这样的默认规则。

为了让我们团队做到公司业绩之最，我第一个站出来，为大家的业绩奔忙。团队里，不管是谁，只要客户接不过来，我都去帮忙接待；遇到客户到售楼处，我肯定像过去一样去接待，然后，合理分发给小伙伴；我还将我的销售秘籍毫无保留地都传授给了他们。

不仅如此，我还关心他们的身心，假如有谁的客户要很晚过来，我一定不会留他一个人在售楼处，或者是我，或者我嘱托一个团队里的小伙伴留下来陪着他等。至于业绩，我会从我自己做的业绩中合理分配给陪等的小伙伴。

就这样，我成了公司里最"奇葩"的领导。

以前，是最奇葩的销售，现在，是最奇葩的领导，连我的顶头上司都嬉笑我。

但是，于我，这些都是题外话，重要的是，我取得了小伙伴们的信服，从最初到现在，我的团队里没有一个小伙伴离开。而最令我欣慰的是，他们会说："不管挣钱多少，我都愿意跟你在一起工作。"

结果自然是最理想的，在我的带领下，当年我们的团队的业绩做到了商办部的销冠。

当然，管理的经验也是一点点积累，一点点改变的，中间都会经历一些这样抑或那样的过程。

现在，我的小伙伴们将我的特殊"领导风格"，奉为所遇最幸。

很荣幸，我被列为被认同的那一类的管理层。

从一名销售人员到管理层，我能感受到自己也在慢慢发生变化，对管理层有了不一样的理解：管理者，不应该成为团队的受益者，更应该成为牺牲者；做一名管理者，是为了创造属于自己的团队，用自己的能力、自己的知识，带领整个团队去创造财富，创造口碑，甚至创造奇迹。

做高情商管理者

只有，高层管理者做正确的事，中层管理者正确地做事，执行层的员工才能把事做正确。

很多人问我："启畅，你和团队的小伙伴关系那么亲密，是怎么做到的呢？有什么管理方法吗？"

其实，哪有什么特殊的秘诀，不过是我始终坚守一个原则，即人性化管理。

我，始终觉得要做一个高情商的领导，一定要具备人性化管理。

在我的工作中，最行之有效的人性化管理，有如下5条原则：

1. 从来不开没有用的会。

首先，我开会，每次都必是帮大家解决工作上遇到的问题。

我从不会因质问别人为什么业绩不好而开什么会。在我看来，这是最没有用的会，试想，如果员工自己知道业绩不好的原因的话，人家早就变好了。

其次，开会的时候，我会跟他们谈心，比如说业绩不好了，是因为心情不好，还是因为家里面有事儿呢？业绩不好，在我看来，大多都有这样或那样的原因或者困境，所以，要先解决问题。去逼问、去质问，反而没有任何成效。

我们是人，人在这个社会上生存，就会存在这样或者那样的问题，所以，我们永远不知道别人正在遇到什么困难。那么，我们就先把别人心里面的负担或问题解决清楚之后，再给出针对性的解决方法。

2. 给伙伴知识输出。

不上班的时候，我更多的时间是在听《樊登讲书》，或者看纸质书，或者去外面学习。因为，我希望我在工作中提供给大家的不是说教，不是心灵鸡汤，不是那些同质化、千篇一律的东西，而是实用的知识输出。

3. 告诉他们能挣多少钱。

我从来不大谈企业文化，不给同事们画大饼。

我只会明确地告诉每个人，我们今年大概能挣多少钱。

我的工资和团队小伙伴的一样，从来都是透明的。一般情况下，管理层都不敢讲自己的收入，但是，我挣的每一笔钱都是透明的，都会让我团队里的小伙伴知道。

这样做，会让团队的小伙伴觉得我是靠谱的、踏实的，跟着我一起工作得到的是公平的回报。

4. 一事一议，不让制度和业绩限制人性。

一般在这个行业请假是很难的，因为出勤的每一天都代表着业绩。有一次，有一个同事趴在桌子上半天，感觉她挺难受的，于是，我就过去问她怎么了，她说不太舒服，当即我就让她马上下班回家。在我这里，一事一议，在制度与业绩面前，人永远是第一位的。

5. 和员工分享收获。

像过年过节，我一定会拿出自己的一部分收入，给团队的同事们买礼物。我始终觉得，这是一个正向循环的事情，让大家能感觉到自己待的是一个很暖心的团队。

除了以上几条外，还有一点非常重要，那就是鼓励与赞美。

当时我在顺义的项目，有一个小伙伴刚刚大学毕业，作为公司的管培生在项目做兼职客服。他看我卖房卖得特别好，特别有积极性，就常凑过来跟我聊几句。有一次，聊天时我就问他为什么不做销售。他说感觉自己嘴笨。

于是，我就对他说："不要你感觉，也别先给自己贴标签，现在是因为你对产品不熟悉，所以觉得自己不会说。你卖房的话，一定是可以的。还是做销售，可以挣到钱，只要你敢付出就可以。"

这时，他才如实说："别人说我不合适卖房。"

"不要管别人，只要你自己觉得自己适合就可以。"

原来，他曾跟领导表达过想从事销售的意愿，最后，让领导给否了。

不过，那次我们的谈话却给了他很大的信心。

后来，结束了顺义项目后，他就跟着我回到了房山的销售项目。

顺其自然，他成了我的徒弟。然而，大家一致都不看好他，一是觉得他没有经验，二是觉得他性格慢条斯理的。但是，于我看来，每个人都有自己的优势，只要领进门的师傅会运用他的性格，他自己也足够踏实，用心学、用心做，肯定可以。

果不其然，后来他通过自己不断的努力、学习，再加上我在旁边的适当引导，告以他一些实战的经验、实用的沟通技巧，没过多久他的销售业绩就和干了多年的老销售持平了，某些时候甚至还超过了工作多年的老销售。

我还有一个小徒弟，大学毕业一年多，从住房地产转到商业地产。

由于没有商业地产的销售经验，所以一开始她一直没有自信。于是，只要一有时间我就给她培训，她也有自身优势，聪明、反应快、学习能力强，很快就上手了。现在，她业绩非常好，后来的这几年一直跟我在做商业地产，成了我团队的销售骨干。

说实在的，管理工作也是一份良心活。

所以，每到年底，如果公司不给团体发红包，我会用自己的钱给团队里的每个人准备红包，此外，也会专门为大家准备一份过年回家的礼物，比如坚果、红酒等，辛苦一年对大家而言，不仅挣到了钱，还能获得一份欢喜回家过年。

日本"经营之神"——松下电器的创始人松下幸之助，曾说过一句非常著名的管理学名言："企业最大的资产是人。"

从做管理之初到现在，我始终将这句话谨记于心，并且，也将其付诸实际管理之中。所以，我从不怕团队里的人有缺点，从来都用耐心去发现员工的困境，引导员工的思维方式，绝不让自己陷入紧紧盯着员工行为和缺陷的管理窠臼之中。

另外，我也从不怕员工抱怨。

与其怕这些，真的不如怕自己的错误管理造成了员工的抱怨。

好的领导者，一定是不断地自我检查，自我反省，鼓励员工，并且能够舍得分享所得。

这也就是我常说的："高层管理者做正确的事，中层管理者正确地做事，执行层的员工才能把事做正确。"

用心培训，小而美的团队

商业地产的每个销售环节，接待的每一个客户，每一个微小的细节，都是我在意的培训内容。

我从没想过做一个轰轰烈烈、充满狼性的超级团队。

我只想我的团队，精、专、美。所以，在培训员工方面，我极力做到极致，做到尽善尽美。

企业管理学教授沃伦·贝尼斯，曾提出过著名的贝尼斯定理："员工培训是企业风险最小、收益最大的战略性投资。"

因此，世界上的 500 强企业，都会用非常多的经费和时间来进行对员工的培训。比如，惠普公司要求员工每周至少要花 20 个小时来学习业务知识；联想、海尔等大企业，都有专属的培训中心或员工大学。

但是，很遗憾，在房地产行业里，培训就像走过场。

对于刚入职的萌新房产销售，很多资深前辈只会照公司的培训手册照本宣科地对他们进行培训，而绝不会分享自己的实战经验，更不会讲所谓的一些独家技巧。对太多资深销售而言，新来一个员工，就意味着新来一个竞争者，若是被学了"独家秘诀"，那真是被抢了饭碗的大事。

所以，有太多的萌新销售，会经历一个超长的摸索期，弯路走了很多，却好几年都还没摸到门道，于是，有更多的人选择中途转行。

久而久之，这也造成房地产销售不是一个长久的工作的假象。

其实，无私地培训新人，绝对是一个受益的事情。

你想，新人若多学会一样东西，那么，就会少向你求教；新人若是学到了你的独家销售秘诀，那么，就会给团队带来更多的荣誉，给公司带来更大的效益。

作为师父，有如此优秀的徒弟，是不是也很荣耀？

我的任何一个徒弟，我都会毫无保留地将自己的一切所知都悉数教给他。

政策逻辑、卖房逻辑，这些最基本的售房知识，我早就一一罗列出来整理成文档了，我的每一位徒弟，都会有一份纸质版在手。并且，为了他们能更好地掌握，我还会定期检查，直到了解到他们真的都懂了，且能灵活运用为止。

售房流程中，比较难处理的环节是房屋贷款。

怎么贷，利率是多少，本金是多少，利息是多少，年限是多少，哪家银行能贷……这些金融方面的事情，琐碎又复杂。所以，在徒弟接待客户前，我要亲自一一教会，才让他们上岗。另外，我也会传授一个小秘诀，即在卖房现场排队等银行办理贷款的时候，有很多销售人员会陪着客户闲聊，干等信用专员，我则教徒弟们利用这段时间先跟客户把账目之类的问题都处理好，这样信用专员一来就可直接办理了，非常节约客户的时间，客户自然感受到我们的效率及能力，对我们的信任度也极高。

事实上，在办理贷款时，客户临时退房的情况非常多。

原因就是销售人员没有很好地帮助客户提前处理好这些烦琐

的细节，而信用专员都非常忙，遇见问题绝不会当场帮忙解决，如此，就导致了客户心态崩盘，继而失去了耐心。

在徒弟谈客户的时候，我一定会跟徒弟们站在一起，不会让他们一个人单打独斗。

一是，为了增加他们的底气、信心；二是，让他们有足够的安全感，有不会的、需要帮助的时候，随时都可以由我来帮忙出面解决掉。

曾经我有一个小徒弟，接待陌生客户的时候总是会紧张、怯场。

有次，她接待了一位非常年轻的客户，这个客户在看中了我们项目的同时，还非常中意另外一个项目。当时，这个客户纠结极了，在两个项目上来来回回对比，上午去看那个项目，下午就来看我们这个项目，反复看了三四次。最后一天的时候，我能看到我这个徒弟的崩溃心态，她已经把这个客户放到放弃的边缘。

眼见这单要黄，于是我直接把徒弟的手机要了过来，帮她给这个客户打了一个电话，约客户再来看最后一遍我们的项目。

结果客户说："明天我约了另外一个项目，恐怕赶不过来。"

我便说："没关系，那您先看完约好的项目，之后再来趟我们的项目，有啥疑惑的地方我们再跟您解释清楚，您再做个对比。这样，您也不会有任何遗憾在心里，所以，无论多晚我们都等着您。"

挂了电话后，徒弟搓着手也不说话，我知道她肯定很忐忑，心里想的是到底怎样才能逃过这次接待。

我就对她鼓舞说："记得，我们做事情的原则就是凡事尽力而为，出现问题马上解决问题，把自己能做的事情做到位，其他的事情就顺其自然好了。对客户做到了无遗憾，让客户也了无遗憾就好。一切交给时间吧！"

可能，是我的坚持鼓励了徒弟，她的心安了下来。

第二天，晚上 8 点多客户才赶过来。

当时，我们并没有因为她到得晚而着急地给她做任何介绍，反而，我们放慢了速度，慢慢跟她讲周边的建设、未来的发展、房子的户型，以及我们项目的优点，甚至缺点。此外，还帮她分析了她看的那个项目的优缺点。站在她的立场上，我们帮她梳理到 11 点多。然后，又把选择权交给她。

最后，可能是我们的服务态度，抑或是我们对项目产品的了解，她最终选择我们的项目。

这便是我的这个徒弟从住房地产转到商业地产的第一单。

后来，这个徒弟跟我说，这次的经历让她学到了很多很多。她特别感谢，我不是用什么讲鸡汤的形式来激励她，而是用自己的行事风格、魅力等真真正正地感染了她，这一堂课，她会受益一生。

这以后，她像是换了一个人似的，无所畏惧，勇往直前。

虽然我性格比较随性自由，但我的工作风格很严谨，在带人上也是如此。

除了掏心掏肺地把自己所知道的一切教给徒弟们，对他们的工作态度和工作细节也要求极其严格。

我有个比较调皮的徒弟，性格有点像小孩子，特别喜欢玩。那天，卖房现场放了很多毽子，她看到后就直接跑了过去，拿起毽子就踢。恰好我路过，就狠狠地凶了她。当着很多人的面，我特别严厉地对她说："接待客户的时候，就要全心全意地做好这件事，不要忘了自己在干什么！"

这孩子听到我的训诫觉得特别委屈，当场就掉了泪花，还为此提了离职。

当然，我虽然对他们严厉，但是，也会考虑他们的感受。所以，事后我好好跟她谈了一次心，跟她分析了问题的利弊，并且，还为了安慰她受伤的心给她买了很多好吃的。当然，委屈过后，她自己也有反思，也会觉得我对她的严苛完全出于对她的好。毕竟，一些细节也会影响她的个人口碑。

所以，后来她当然没有再辞职，反而跟我的关系更亲密了。

现在，她完全可以独当一面，成了团队里的销售新星，并且变得稳重又有担当。

联想公司，一直遵循一个"7-2-1"的培训原则，即领导人的学习与成长，70% 来自关键岗位的实践锻炼与经验积累，20% 来自和他人的互动交流，只有 10% 来自传统的课程培训和学历教育。

言之凿凿，确实如此。

我自己，亦一直践行这一原则。

商业地产的每个销售环节，接待的每一个客户，每一个微小的细节，都是我在意的培训内容。

小成功靠个人，大成功靠团队

一滴水，只有放进大海里，才永远不会干涸；一个人，只有当他把自己和集体事业融合在一起，才能最有力量、最有价值。

2020 年 1 月底，新冠疫情暴发，随即全国很多行业都陷入了 3 个月的停摆期。

整个疫情期间，很多人传言房地产行业即将崩盘，包括开发商、销售、业主等都如此认为。我的身边，也开始有不少人纷纷失业或转行。

我总是乐观的，疫情确实对行业带来了很大影响，但还不至于那么悲观。

我亦非常坚信，只要自己能走在产品前面，总会有出路；即便疫情期间，也一定可以挣到钱。

结果，如我坚信的这般，我带着团队仍冲到了商业地产销售的第一线，3 个月时间完成了 300 套销售任务，半年内完成了甲方指定销售目标，且顺利完成了所有销售回款。

在艰难的 2020 年，大家的业绩也都很稳定，我们团队每个人的年薪还是比较可观的。

这，也创造了商业地产团队销售的奇迹。

认识我的人，都会对我说："启畅，你团队里都是大牛啊，实在太厉害了。"

其实，我清楚地知道，我的团队并非每个人都是行业大佬，但是，他们却都有各自的擅长领域，融合到团队里又恰可将各自的优势发挥出来。

这，也是我想表达的团队力量。

我特别喜欢研究心理学，尤其是性格色彩学、社交心理学，这会让我很好地发现团队里每个人身上的优势，在房产销售之外，我会根据他们的优势分配团队内的不同工作内容。

比如，性格温厚、做事情慢条斯理的小伙伴，我就会让他去做一些表格或文字类的工作，他能做得非常漂亮、非常系统，且不会出任何错误。这是因为，我了解慢条斯理的人，一定很有耐心，抠细节，也很认真。

情商非常高、脑子灵活、形象不错的小伙伴，我就安排他卖房，确实，这些小伙伴的业绩做得特别好。

比较擅长搜集的小伙伴，我就交给他收集信息的工作，比如新闻素材、政策动向等信息。

这样的分配，特别见成效，尤其是在搜集和分析竞品项目时，最能凸显。团队的合理分工，会对各人的销售成功起到很大的助力。

靠我一个人的话，真的很难在短时间内整理出竞品在全北京分布的所有项目，一是需要时间，二是真没有那么大的精力。但是依靠团队的力量，第二天我们就能拿到一份非常丰富的竞品资料。

这，也就是比尔·盖茨说过的："大成功靠团队，小成功靠个人。"

所谓，一颗星星布不满天，一块石头垒不成山，故一个人和一个团队做的事情和效率肯定是不一样的。

现在，我的团队就是一个小而美的团队。

团队里的每一个人，都是我精心挑选的，大家的气场相同，性情相投，都很率真坦诚，也对自己认定的事儿踏踏实实地付出努力。也许，把他们每一个人单拎出来放在其他公司，并不是最优秀的人，但是，在我的团队里，他们都可以将自己的闪光点发挥到极致。

这，就是我所需、所追求的理想团队了。

现今，我们这个小团队，已经在整个商业地产小有知名度。很多大机构的经纪人都会主动给我们带客户。甚至有不少经纪人会说："只要你们团队卖哪个项目，我们就给你往哪个项目带客户。如果你们不卖的项目，我们就绝不给这家项目带任何客户。"

这，就是团队口碑吧。

能得到如此多的信任和赞誉，再多付出亦是值得的。

未来 5 年，我们这个小而美的团队还会有新的征程、新的航向。

比如，我们会从做 To C 的获客，扩大到 To B 的培训业务。

近几年，我在行业内亦做了很多场培训，包括很多开发商、房产机构以及很多人反馈说我的培训非常有效，聊的都是能落地的干货；很多一线销售人员，也在实际的销售过程中转变了原先的无效销售方式。

一滴水，只有放进大海里，才永远不会干涸；一个人，只有当他把自己和集体事业融合在一起，才能最有力量、最有价值。

我，始终坚信这一点！

下一个征程，我和我的团队一起出发，创最新的奇迹！

第六章　我们工作，亦被工作治愈

愉快的工作状态能够治愈人心，让我们体验到全力付出的成就感，好比口渴时，垫脚努力去摘的那颗樱桃，总比直接摆在盘中的好吃。

我们工作，亦需要被治愈

当我们用心去生活、去工作的时候，所学、所成皆会像捷报一般涌入我们的生命，感动我们，柔软我们，让我们在时间里面焕然一新。

现在流行一个词儿，叫斜杠青年，英文是 Slash。

《纽约时报》的专栏作家麦瑞克·阿尔伯在书籍《双重职业》

中如是解释说："斜杠青年是一群不再满足'专一职业'的生活方式，而是选择拥有多重职业和身份的人群。比如，一个白天写代码的程序员，晚上就会成为科幻小说作家，周一到周五上班的公务员，周末会成为一个兼职舞蹈家。"

细数历史上的有名"斜杠青年"，最有名的要数天才画家达·芬奇了。达·芬奇，不仅画出了《蒙娜丽莎的微笑》这样的世界名画，同时，他还是著名的天文学家、建筑师、数学家、音乐家、雕刻家、植物学家、地质学家，甚至是解剖学家。不仅斜跨如此多行业，他还特别的勤奋多产，据说光是科研成果就有 6000 多页的手稿，只可惜在当时没有发表出来。就连爱因斯坦都说："如果达·芬奇的这些科研成果在当时就发表了，人类的科技将会进步半个世纪。"

如此看，"斜杠青年"的生活多么的精彩、丰盈。

我虽称不上从事多个职业的"斜杠青年"，但业余生活也不曾有一日虚度。

比如，无论工作多忙，我都会抽出时间来写毛笔字。七岁的时候，我就开始练毛笔字，这之后，从未停止过。

因为，那一笔一画里，有我的思考，亦有我的被治愈。

其实，最初我是非常想学绘画的，但母亲说，写一手好字很重要。现在想来，母亲说得太有道理了。真的，写字的时候，就像生活给的一颗糖，尤其是工作忙乱的时候，真的是特别的治愈。

那个时候，母亲还带着我参加了不少区级、省级、国家级的书法比赛，且每次比赛我都能得到一等奖。印象最深的一次比赛，是在大年初一。当时我正沉浸在过新年的兴奋中，穿着新衣服、新鞋子，欢欢喜喜迎接即将到来的新年，突然母亲说有一个比赛要参加，当时的我非常抗拒："过年呢，人家小孩子都在过年，我为什么非要参加比赛？"

虽然我执拗，但母亲更坚持："过年也得参加比赛，这是对你的磨炼。"

就这样，寒冬腊月的九寒天里，当别的小朋友都在走亲串友吃团圆饭时，我却裹着厚厚的羽绒服去参加了一场书法比赛。比赛是在少年宫的广场举行的，没有桌子，没有凳子，在森寒的冷气中我们一帮小孩子就趴在地上写，说来真的非常考验孩子的坚持和耐力。

当时，我心里是有些心酸的，不过，从小我就知道，做什么既然做了就要全力以赴。果然，这次比赛我依然得了一等奖。当工作人员喊着我的名字，给我颁奖的时候，我心里是十分开心的，那瞬间突然觉得寒冷干燥的空气都不再有撕裂感。

这场比赛的奖品，除了一个证书，还有一台咖啡机。

直到现在，这台咖啡机还被我母亲好好保存着。

我知道，在母亲的心底，她始终是为我骄傲的。其实，于我，母亲就是人生最好的指路人。

她教会了我，无论做什么事情，都要去坚持。

这道理，真的让我非常受用。

现在，我的工作节奏很快，也非常忙，有时候难免会焦虑，所以，一有时间我就会练毛笔字，从而在练字中不断被治愈。

另外，我发现了一个特别重要的事情——练书法让我在工作中受益匪浅，比如跟客户去签字，或算价格时，凡是能用到写字的地方，只要我一写字，客户就会特别惊奇，说："启畅，你这字写得很漂亮啊！"

人如其字。因为字写得好看，不少客户真的是对我刮目相看。因为在他们眼中，房地产销售人员一般都没什么文化，字更是多数写得潦草，看到我写得这么好看的字，他们自然会对我产生很大的信任，觉得我这个人字能写这么漂亮，人肯定靠谱、踏实。

除了写字外，一有时间我还会研究服装搭配学、色彩心理学、星座等，更会花上很多时间以及钱去研读一些课程。

另外，我对服饰打扮也很重视。

买衣服和剪头发，对我来说是头等的大事。剪头发的话，不管多远，我一定要去我信任的店，不管时间有多晚，该剪的时候我必须当天就把它剪了；为了搭配一身衣服，我会买很多时尚杂志，也会学习一些时尚资讯。

一个好的形象，会给人一种焕然一新的美好感觉；于我自己而言，是每天都可以有一个自信的好心情。

很多人会问我，售房工作已经那么忙、压力那么大了，你怎么还能有那么多时间来学习呢？

我的回答是当然有。时间，就像海绵，我们一挤就出来了。

所以，我们要合理去安排自己的时间。现代这个社会中，很多人都是"我没有时间""我很忙"，但是，如果回顾自己的24小时，会发现自己并没有那么忙：刷抖音，一不小心就刷掉了两个小时；看微博，一不小心就看走了一个小时；跟朋友微信聊天，不知不觉就会聊走两三个小时……

如此看，时间多被自己无效浪费掉了。

我的时间秘诀是，无论多忙，都要以自己为中心，为自己留出"不被打扰的时间"。

比如，早晨6点半到7点的时间，我在洗漱，同时我在听樊登读书会；晚上9点到12点的时间，我一定会坐在书桌前安安静静读一些纸质书。每逢休息日时，我还会给自己安排上各种课程……

如此，有计划、有规律地留出时间来，留给自己的生活。

我想，丰盈的人生，都是要这样自己给予自己的吧！

所以，挤出给自己的时间吧，让自己的生活、人生更丰饶、美好。生命中美好的景致，有时真的不在于你的功成名就，而是心有柔软、有所爱好。

那么，如果你喜欢听钢琴乐，不妨就去学习钢琴；如果景仰翩翩起舞的舞者，不妨去舞蹈班开始学习；如果想说一口流利的外语，不妨现在就报班去学习。

如果，你这么做了，你会惊奇地发现，你会被如此丰盈的生活治愈了！

保持好奇，比热爱学习更重要

每一个问题背后，都是成长和学习的课题，但大多数情况下，没有人回答我们的问题，更多人的回答是用"千篇一律"的答案封住想象力。

我非常喜欢美国演员娜塔莉·波特曼，她出生在以色列的耶路撒冷城，12 岁时出演了《这个杀手不太冷》的女主角，后来这部电影火爆全球。人们都说，娜塔莉·波特曼是一位被上帝宠爱的孩子，她不仅长得漂亮，还拥有极强的表演天赋。除此之外，即便因《这个杀手不太冷》走红，她也没有停止学业，而是选择了边演戏边读书，不仅掌握了英语、法语、德语、日语、希伯来语、阿拉伯语等六种语言，还凭借超群的智商考取了哈佛心理学专业。

在一次采访时，记者问她："演员需要具备什么素质？"
她如是回答："演员需要有强烈的好奇心，对角色有兴趣，想要探索角色背后的故事、角色的环境、角色的内心世界。如果没有这样的好奇心，他可能没有办法演好任何角色。"拥有极强表演天赋的她，将好奇心放在了第一位。

好奇心，是人类的天性。

如果你仔细观察过小孩童的话，你就会发现他们特别喜欢问"为什么"。

比如，"为什么天空会下雨""为什么鸡蛋会变成小鸡"；而不是，"为什么天空是蓝色的而不是红色的""雪花为什么是白色的"……

甚至有些孩子出于好奇心，总是喜欢把爸妈刚买回的玩具拆得七零八落。

从一出生起，我们就对周围未知的世界充满了宝贵的好奇心，总想知道是什么，为什么，怎么做。

这，是源自人类的探索本能。

如果能把这份好奇心保持到成年，想必无论从事什么行业，做什么工作，这样的人都能与众不同。

只可惜，在成长过程中，我们宝贵的好奇心会被慢慢磨灭掉。

"为什么天空会下雨？"

"天空不下雨下什么呢？因为以前就这样子了。"

"雪为什么是白色的？"

"啊，额……雪不是白的，难道是黑的吗？我出生起就是白色的。"

每一个问题背后，其实都是成长和学习的课题，但是，大多数情况下，没有人回答我们起初的好奇心，更多人的回答是用"千篇一律"的答案封住了我们的想象力。

我始终认同，保持好奇心，比付出很多努力去学习更重要。
这就像在寒冷的严冬，身体冻僵的人们想点燃柴火温暖身体，学习的知识就是柴火，好奇心才是火星，我们必须保有好奇心，才能生起熊熊烈火。

童年时的爱迪生特别调皮，小脑袋瓜里总是充满了各种各样的问号，为了满足"将会发生什么"的好奇心，6岁那年，爱迪生点燃了父亲的仓库。但是，爱迪生的母亲并没有因此狠狠地责骂他。而当周围人，都把爱迪生当成怪孩子时，是他的母亲站出来保护了爱迪生的好奇心，还把他的好奇心引向了发明创造。最后，爱迪生不仅发明了我们现在使用的电灯，更有一千多个影响世界的发明，被人们称为"发明大王"。

所以说，我们思想的发展，来源于好奇心。

好奇心，是学习的动力，它比学习本身更重要。

那么，好奇心到底是什么东西呢？

其实，就是日常生活中持久而敏锐的观察、思考，以及行动。

曾经有家公司在招聘销售经理，但是，一直没有合适的人员。一天，老板叮嘱全体员工："谁也不要走进六楼那个没挂门牌的房间。"但是，老板并没解释为什么。

当然，所有员工都很好奇，不过，都选择了服从，没有人提出"为什么"。

没过多久，有个年轻人入职，当老板再次重申："不能进没挂牌的房间。"年轻人听完后，就问了一句："为什么？"

老板满脸严肃地回答："不为什么！"

老板这样的回答，就更勾起了他的好奇心，于是，在好奇心的促使下他决定要去看看，很多人都劝他不要冒险，不要违背领导的命令。但是，他还是推开了那扇门，走进了那所房子，桌子上放着一个纸牌，上面写着："把这纸牌交给老板。"他按照纸牌上写的做了，结果，年轻人不但没有被辞退，反而被任命为销售部经理。

老板当时是这样说的："勇敢和好奇，是一个富有开拓精神的成功者所具备的良好品质。"

这个故事真的对我影响至深。

所以，当每一位客户步入现场时，我的内心首先就会对他产生各种好奇："他大约多大？""从哪里来？""现在他最需要什么？"……接待过程中，我的好心情心依然不减，根据与客户的沟通互动，我会产生"他是什么星座？""这是什么颜色的人？"等疑问。

接待客户时，我总是让自己陷入一边接触、一边观察、一边探索的好奇心之中，然后去探索跟客户沟通的内容和边界。

结果总是会产生很多不可思议的成交故事。

从"好奇心"出发，去观察人的行为，然后结合实际去学习更多知识，不仅能打破自身的框架，还可以获知很多领域的知识。

从我的实际工作中看，如果一个人在生活和工作中都保持好奇心，能够帮我们实现三个变化：

1. 促使我们主动学习，再也不会觉得学习是件被强迫的任务，因为好奇心能让我们从学习中获得探索的快乐，及进步和成长的快乐。从而，形成学习的正向循环。

2. 通过好奇心获得的学习经验和知识，记忆的更牢固、更长久。

3. 由好奇心带来的学习行为，能让我们获得意想不到的成长，这种成长不仅体现在知识增长上，更体现在自信上。

说来，我自己真的有很多因保有的好奇心而促成的成交案例。

因为好奇心会让我抛开卖房本身，对客户感兴趣，想知道他们真正的诉求点是什么，和客户的关系也一下子从销售——客户，转变成人与人的深度交际。

所以，在工作中，在培训团队中，我都一再强调，我们的工作业绩，来自我们的好奇心。

因为好奇心促使我们对某种事物、某项活动，甚至某个人产生求知欲望，从而产生出浓厚的兴趣，在这种欲望和兴趣的驱动下，我们才会怀着趣味去探究、学习、思考，把吸纳的知识变成学习力。

如此之下，我们和客户的关系就升华到一个平行线，他的所需，我们知；我们给的所需，他求。成交，自然成了最理所当然的事情。

就是这么简单。

所以，作为销售人员，我们一定要重拾好奇心。

真的，保持好奇心，真的比热爱学习更重要！

好奇心，才是促使我们主动学习的种子，才是我们获得竞争力的根源！

我不奉行当下惰性的"中庸"之道

要做就做最好的，只有我们做最好的自己，世界上美好的事物才会主动向我们靠近。

《中庸》是源自《礼记》的一篇文章，有 3568 个字，虽短短三千多字，却对中国人的思想和行为方式产生了极其深远的影响。

作于战国时期典章制度书籍的《礼记》，相当于那时贵族社会的礼仪规范。

宋代时，随着程朱理学的发展，《中庸》开始成为"畅销书"，而被司马光、程颢、程颐、朱熹等宋朝的哲学家们所推崇，且还成了朝廷官方指定的必读"教科书"，科举考试的必考书目。一直到晚清，《中庸》依然是科举考试必考的素材，以及标准答案的参照。

短短三千余字，却影响了中华数千年，这是这篇文章的魅力。

即便现在，还有很多人奉行"中庸"之思想，不冒头，不进取，守"中庸"。

我见过许多守"中庸"的人。

他们开会的时候不发表自己的观点，浑水摸鱼只求快快结束；守好自己的一亩三分地，绝不踏出半步，只扫自家门厅雪，永远不多管闲事；凡事不做第一名，每天按时上班下班，看似忙忙碌碌，但是业绩却没有一点提高。

这种"中庸"，与其说是懒得争，不如说是懒。

这种"中庸"，亦是对《中庸》的真正误解。

我说，若你真的读过《中庸》，你就会发现当代人坚持的"中庸"，跟古人所倡导的"中庸"完全不是一回事。

所谓"中庸"，是"中和"，"致中和，天地位焉，万物育焉"，即凡事不极端化，若失去了中正平和，心情在过喜、过怒、过哀、过乐中，很难对事物存敬重敬畏之心，做事就会过于极端激进，也很难在一件事情上坚持到底。

所谓"中庸"，是"择善而固执之"。

"庸，用也。"做人要有一技之长，率性而为，做自己真正喜欢、真正擅长的事情。若找到了自己喜欢的事情，把精力投入到真正擅长的事情上，即便是脑子笨拙的人，也必然变得聪明智慧；哪怕是柔弱的人，也必然变得坚强坚韧。

"中庸"，不是静态固守，也不是庸庸无为；不是死板教条，更不是尊崇权威，而是"率性当为"。

在很多同行眼中，我不是一个老老实实守"中庸"的房产销售人。

我总穿着那么"与众不同"的衣装，从来不老老实实穿定制的工服；我总是那么"特立独行"，按着自己的节奏提前回款；我总是一个人卖出整个项目销售额的50%，争做第一。

是的，在外人看来，我不是一个甘于落后于人的人。

于我自己而言，确实，任何时候我都不愿自己落后于任何人。

我特别欣赏一位赛车手，他的名字叫理查·派克，他也是赛车史上赢得奖金最多的赛车选手之一。

他第一次参加赛车比赛时，经过激烈的比赛后，获得了第二名。于是，他兴奋地对母亲说："有35辆车参赛，我跑了第二。"

母亲听后，却拉下了脸，严肃地对他说："你输了。"

理查·派克听到母亲的话，以为自己听错了，他解释道："妈妈，这是我第一次参加比赛，而且参加的赛车手还那么多。"

接下来，母亲说了一句影响理查·派克一生的话："儿子，你要记住，你用不着跑在任何人的后面！"

后来，理查·派克一直称霸赛车界 20 年，20 年间他亦打破了许多纪录。

当记者问他成功的原因时，他说母亲的那句话帮他发现了他是第一的希望，他没必要在喜欢的事情上做第二名。

于我，也是这样。

我喜欢房地产销售这个事业，所以，我也不要自己在任何人的后面，做第二。

要做，我就要做到第一！

话说，如果我们在一件事情上连第一都不敢想，不敢做，那么趁早放弃，因为它不可能成就我们。只有第一，才能成就我们自己，才能成为冠军，成为行业精英。也只能如此，才能为我们所从事的事带来荣耀与信心。

冠军一词，来源于公元前 209 年。

那一年，中国爆发了第一次大规模农民起义。彼时，楚国有一位反抗秦朝暴政的大将，名曰宋义，他英勇善战，只要出战，秦兵就会必败。如是，战功彪炳，居于诸将之上的宋义，被楚军将士赠予"卿子冠军"之光荣称号。

其乃中国历史上第一个获得"冠军"称号的人。

他之后，冠军称号一直沿用。

汉时，霍去病就以战功官拜骠骑将军，封"冠军侯"。

至此之后，冠军一词就代表了至高荣耀。

前段时间，闲暇之余我又回看了一遍《生命·觉者》，这是一档对话名人的纪录片，主持人是曾任百度副总裁、凤凰卫视主持人及主编的梁冬，其中最触动我的是梁冬与漫画大师蔡志忠的对话。

小时候，我就读过蔡志忠《庄子》《孟子》《孔子》类国学漫画书，当时，只觉得小小漫画特别有意思，看完他的纪录片后我才真正明白——能做大师的人，都是想做第一的人。

采访中，他说他从未想做第二名，只想做第一名，第一名才有意义。他如是说："第二名，没有用的；第二名，是永远的输家。"

为此，他曾经坐在椅子上埋头工作了58个钟头，42天没有打开房门，把自己关在屋子里只做一件事，那就是创作；为了创作出更新的内容，他更是一个人去了日本，在日本待了4年画了40本诸子百家的四格漫画。

是的，对于想做第一名的人来说，从事自己热爱的工作，绝不是以赚钱为目标，也不是以出名为目标的，而是以行业第一、行业顶尖为目标的。因此，在做事情时，他们就会投入全部的精力和心念，然后，做到极致。

时下所言的"不负时光，不负自己"，是最好的诠释。

要做就做最好的，只要你做最好的自己，世界上美好的事物就会主动向你靠近。

蔡志忠老师，现在早已经成为全球知名的漫画家，书籍销售超过数千万册，每年还有很多版税收入，早已实现了财富自由，在杭州西湖还拥有一个令人羡慕的工作室，但是，他仍旧过着非常朴素简洁的生活，很少抛头露面，而是将大部分时间留给创作。

这样的蔡志忠老师，诠释的才是古时的"中庸"之道。

而不是当下人理解的所谓惰性"中庸"。

《中庸》开篇就曾讲："天命之谓性，率性之谓道，修道之谓教。"

真正的中庸之道，是内省，是自律，是不断地进取发掘自己，突破自己，活出率性的真实自我，是蔡志忠老师活成的样子。

同理，回到我热爱的房地产销售事业上，我绝不会让自己沦入当下行业里流行的所谓惰性"中庸"之道之中。

我要永做行业第一，这是我始终坚持的目标，没有之一。

有敢于归零的勇气

我一直在前进，也一直在蜕变，每一个时期的自己都是从零开始。

经常会有人问我："启畅，你做房地产10多年，已经积累了那么多的客户和资源，也一直是销冠，有了那么多荣誉，你还有什么奋斗的目标？"

每当听到这样的问题，我都会微微皱皱眉头。

因为，我的每一个早晨，醒来的那一刻我都觉得一切都是从零开始的。

每一天，我都把自己的内心清空，和取得的成就与业绩告别，和曾经的荣耀告别，我虽然注重荣耀和成就感，但并不活在过去的骄傲里。然后，快速给自己定下当下的目标、任务。这个月超前完成了销售任务，就会马上给自己制定下个月的目标。我永远都是朝着前方看的，也一直在不停地前进、蜕变，让每一个时期的自己都是从零开始的全新自己。

这，就是大家所说的所谓清零心态吧。

我非常佩服乒坛皇后邓亚萍，她曾拿过 18 个世界冠军，4 个奥运会金牌，在乒坛排名连续 8 年保持世界第一。

同时，她也是有史以来乒乓球排名蝉联世界第一最久的女运动员。

但是，24 岁时，她因伤退役。

退役后，她本会有很多选择的，比如，凭借过去的功绩，进国家队当教练；开体育用品公司；或创建自己的乒乓球培训机构，但是，最后她却做出了一个出乎所有人意料的选择——重新回到校园读书，圆儿时的求学梦。

"我想去读书，大家都说运动员头脑简单，四肢发达，我想证明给大家看。"这是她当时说过的话。

在诸多闪耀的光环下，这位乒坛皇后毫不犹豫地抛下过去的成绩，一切从零开始。

她进入了清华大学，和一群学霸孩子一起上课，刚入学的时候，她连 26 个字母都认识不全，没有任何基础。所有人都觉得她应该凭着过去努力的傲人成绩去生活，这样没什么不好。非得让自己一切归零，进入一个崭新的领域重新开始，有必要吗？

不过，敢于归零的人，都有足够的勇气去面对生活。

诚如，那时的邓亚萍。

26 个字母认不全又如何，她自有自己摸索出来的一套学习方法。她学习力本来就很强，不过是过去驰骋于运动世界，如今驰骋于学习世界而已。一切都难不倒她，过去不会，当下更不会。于是，为了跟上英语节奏，她每天跟着复读机读，一个单词记不住就背无数遍，为了让自己很快适应英语环境她还专门跑到英国锻炼自己的口语。结果如何？三个月后在国外会议上她已经能用流畅的英文发言了。

其实，说来哪有什么天赋，不过是负重前行而已。

用却 11 年时间，邓亚萍不仅顺利从清华大学毕业，更拿下了诺丁汉大学的硕士学位，及剑桥大学的经济学博士。再没有人说她"头脑简单，四肢发达"。因为，她已在新的领域里获得了认可。

多年前，她那篇《人生需要归零的勇气》亦一度成为刷屏的爆文，文章里她曾如是讲道：

一位老者曾经问我："你的奖牌和奖杯都放在什么地方？"

我说："我父母把家里一间屋子专门设为荣誉室，把我所有的奖牌、奖杯、奖状全部放在那里。"

他跟我讲："你应该把它收起来，因为这些已经统统成为过去。"

我想，或许这个老者在她人生里曾经是她最大的指引。

那么，归零心态到底是什么？

为什么有那么多名人都非常重视人生的归零状态？

我们先说归零，所谓归零就是及时与过去的荣耀或失败告别。就好比一部手机，若想它运转快速，就必须及时清理掉不再使用的文件和程序。不然，它就会卡顿。

反之于人，亦然。

无论过去，你是怎样的成功，抑或者怎样失败，都没有关系，都是已经过去的事，别让自己停留，停留在过往的荣誉里，抑或失败中，都只会让自己停滞不前。

说白了，归零也是让自己拒绝惯性思维和经验主义。

成功的过往，固然是一笔丰厚的宝藏，我们可以从中获得经验，抑或吸取教训，但是，惯性思维也会让我们失去创新和创造力。

如此，就可明了为何那么多名人都非常重视人生归零状态了吧！

归零，是主动面向未来，是仰望前方，围绕着未来去定目标，去思考，开启新的启程与航向，思考如何创造新的里程碑。

归零，即是不停地前进，不停地挑战自己，不停地创造属于自己的荣耀。

所以，如果想体验丰富的人生，必须要有归零的心态。

所以，从业数十年，几乎每天醒来我都与昨天的自己告别。

比如，卖完一个项目后，我会与创造了个人销售奇迹的自己告别，奔向下一个项目；比如，每年我都会与去年的自己告别，定下新一年的目标和规划。

我不会拿昨天的过失为难今天的自己，更不会拿着过去的成功夸口炫耀。

从基层销售，到管理层，于我，这也是一次归零。

从零开始做管理者，我带领属于自己的"战斗队伍"，打造了商业地产销售中小而美的口碑团队。去年虽然是疫情年，但是，我们这支小团队却创下了商业地产团队销售新业绩里程碑，不仅收获了同行的认可，也获得了客户的认可。

这于我，是归零之后最大的收获。

当下，我抛下过往所有荣光业绩，将自己十多年探索到的有效销售方法、销售理念，传播给更多的同行，以改变目前客户和销售的关系状态，让销售人员不再抱怨客户，而是出现问题先找自己的原因，洞见自己的不足在哪儿，让房地产销售行业归回本该有的初心，让房产销售人员用正确的工作方法获得工作和生活的双丰收，并为之付诸实际行动。

于我，这亦是一次崭新的归零时刻。

对于收效，我信心十足，又期待十足！

很多人说，如果一切都归零了，那过去又代表什么？过去的努力，不白费了吗？

No！

敢于归零、善于归零，会让我们拥有一个好的思维习惯和心态，也是工作生活归向正确方向的不二法门。

比如我自己，我每一步所付出的努力，所做出的业绩和成果，都不会因为我心态的归零而归零，即便是辞职创业，个人 IP 和经验一直是在不断打造的过程中，这一切会因为我的归零心态一直持续下去，让我受益匪浅。

试想下：当我们往杯子里倒一杯水，却怎么也倒不进去，那么，原因要么是杯子盖上了盖子，要么是杯子已经是满的。同理，要创造新的知识和经验，就要把过去的全部清空，让自己轻装上阵，才能开启下一段丰富精彩的探险。

加油吧，房产销售的同行们！

我，亦共勉之！

第七章　人生海海，从业十年

时间，仿若能变换一切事物的魔法棒，我尊敬时间，亦珍惜时间，不跟从众人，也未顺从逆境，在日常中修炼自己，步履不停。

我行我素，是一种态度

不能服从自己的人，就要服从他人。这是有生命者的本性。

曾在多家知名企业任高管，多次创业，最后厌倦都市生活的半山，在峨眉山的半山腰住下，用却六年时间只读书写字。

特立独行的他，在《半山文集》中曾如是写道："人一旦与自己相认，也就没那么合群了。"

这样的半山，活出了令万千人艳羡的模样。

确实，在这个世界上，那些敢于活出自我的人，想法总是与众人不相同，活着不一定要有多种颜色，但一定要有自己的颜色。

我从小也是个特立独行的人，不爱说话，极其讨厌啰唆，做事坦率而直接。

后来，我喜欢研究星座和颜色性格后，发现自己黄色性格的金牛座特性特别精确，真的是做事情一定要有目的，从来不听取别人的意见，只听从自己内心的声音。

故而，身边的人常常会对我说："启畅，你还真是我行我素啊。"

的确如此，别人给的建议与参考我会统统放在一边，从不在意别人如何看待自己，因为别人的眼光从来和我选的人生毫无关系；别人对我的评价，无论是好是坏，我都会全部遗忘。

我清楚地知道，那些把生活经营得很好的人，都懂得对别人的生存方式保持缄默。

做顺义项目时，我一个人每天开车往返房山与顺义，当别人都说我这人太傻时，我内心笃定的是——四个月后的自己，肯定和他们不一样。

接待每一位客户时，不论是白发苍苍的老人，还是刚毕业的年轻人；不论是开豪车、满身名牌的人，还是身着粗布衣衫的人……当别人为此心存偏见区别对待时，我都会用尊重之心来接待每一位客户。

领导布置的销售工作，不论是电话追单，还是微信朋友圈群发，当别人全部照做时，我一项都不会做，因为，我一定要通过自己的判断、自己的思考，根据实际来维护我自己的客户。

……………

如此等等，我也知道，我在很多地方都和其他人不一样。

但是，那又何妨？

我，始终在做的是我自己就可以。

老同学聚会时，他们常常说："启畅，我觉得这么些年过去，你一点都没变，还是那么潇洒，那么我行我素。"

我们身边的人，确实有很多人活到三十岁时，身上就已经失去了我行我素的可爱与勇气。

大多数人，都是在社会上经历几年后，就被社会的规则磨平了棱角。曾经意气风发的少年人，学会了见到上司就点头哈腰，见到清洁阿姨就视而不见的自以为是的所谓"圆滑"；曾经坦诚直率的美少女，学会了跟客户花言巧语，甚至不惜撒谎，得到结果后，可立马换一副嘴脸而内心未有丝毫愧疚感的所谓"成熟"。

这些，我永远无法去做。

"敬人不必卑尽，卑尽则少骨。"当我们弯下了腰，弯曲下去的不只有身体和自尊，更有坦诚率真的自己。

越长大，我们越会发现只有做自己才是最应该坚守的事情。

因为，只有做自己才是真正的成熟，只有做自己才是真正的长大，只有我们不被外界的诱惑和恶习影响，坚守了内心的声音，才能变得真正强大。

外人都觉得，我的我行我素是一种故意的特立独行，

但是，只有真正了解我的人才会知道，我的我行我素是守护自己的坚持和坚守。

从事房地产行业多年，无论是刚毕业在炎热夏季找工作的自己，还是现在始终保持销冠工作中的自己，做事的原则，对自己的要求，都未曾变过。

身边也有热心的有经验的老同事不时给我建议："启畅，你太我行我素了，稍微注意下别人的感受，稍微迎合下领导，这对你有好处。""启畅，有时收起棱角，对你有好处。"

……

对于老同事的热心，我肯定有感激，但是，任何人、任何事都不能够让我丢失自我。

有人可能会说，我想往高处走，不得不给领导拍马屁；我想挣很多钱，不得不编造谎言。可是，有没有想过，身在高位的人未必就喜欢点头哈腰的，月入百万的人未必只靠谎言。

殊不知，真正有实力的人，其实都是拥有自我的人。

英国女飞行员柏瑞尔·马卡姆曾写过一本回忆录《夜航西飞》，这本书深深感动了我。

柏瑞尔·马卡姆，1902 年 10 月 26 日出生于英国莱斯特郡，4 岁那年跟随父亲来到非洲肯尼亚，100 多年前的非洲真的可以

说是荒无人烟，她跟父亲学习训练赛马，18 岁时便成为非洲首位持赛马训练师证书的女性。后来，因为父亲的农庄破产，她不得不出门求职，做专业驯马师，同时她又学习了驾驶飞机。1931 年，她开始驾驶小型飞机从东非运送邮件，成为非洲第一位职业女飞行员。

1936 年 9 月，她做出了一个惊人决定，要从英国出发一路向西飞行，越过大西洋。结果，那一年她飞行了 21 小时 25 分，成为第一位单人由东向西飞越大西洋的飞行员，也成为那一年备受瞩目的人，更成为第一位驾驶飞机飞越大西洋的女性。

如果，她生活在当下这个时代，说不定会被各大综艺邀请，成为顶流明星。

不说这些，我只说我从她身上看到了什么。

我看到的是她坚持做自己的魅力。

一位身处非洲的女性，丝毫不在意别人的眼光，在 100 年前就做着连男人都无法胜任的工作，创造出一个又一个奇迹。由此，我还清楚地明白，坚持做自己，内心就会生出无穷无尽的力量；坚持做自己，就能保有孩子般天真坦率的勇气。

所以，即便年过三十岁，我依然保有着自己身上的棱角。

我从不觉得这是什么需要改变的事，做闪闪发光的自己才最重要。而且觉得这是值得炫耀的，毕竟我还是那个闪闪发光的自己。

人生，有太多的痛苦和不幸，就是因为想要活成别人理想中的样子，什么好员工、好妻子、好母亲……却从未曾真正成为过自己。

我的很多同事，已经是很资深的老销售了，销售业绩却一直平平，究根问底，不过是做了附庸的那一类，领导布置什么任务，就完成什么任务，每天按时上下班，从未迟到也从不早退，在别人制定的规则里面，未曾踏出分毫。

可是，最重要的是失去了自己。

可是，盲目地顺从别人的规则和设想时，就是在失去自己。

回首工作经历，如果我未曾坚持做自己，选择和别人一样遵守规则，学会圆滑，随大流过活的话，想必也不会有今天的自己吧！

所以，于生活中，抑或工作中，你完全没有必要和别人一样。

就像俄罗斯方块一样，你太合群，最终就会消失。

我行我素，也是一种态度。

把自己当回事儿，做自己，劈浪前行

人生最大的遗憾，就是我们终于成了别人期望的模样，而遗忘了最初的自己。

2020 年，世界著名大提琴演奏家马友友和凯瑟琳·史托合作了一张新专辑《慰藉与希望之歌》*Songs of Comfort and Hope*，路上堵车的时候，我就会放给自己听，每次听都可以让自己心安下来。

马友友的音乐，总能让人更清晰地感受当下，生发出对生活的热爱来。

这位美籍华裔音乐家，出生于法国，4 岁开始学琴，6 岁开了个人独奏会。

7 岁时，他随家人前往美国纽约定居，这一年，只有 7 岁的他参加了全美国电视直播的音乐会。彼时，时任总统的肯尼迪和前任总统艾森豪威尔是台下的听众。

这位音乐神童，十几岁时就成为纽约音乐界的宠儿，进入茱莉亚音乐学院深造。原本，大家都以为他从茱莉亚音乐学院毕业后，会与各国际大师合作，成为影响世界的音乐家。但是，谁也没想到他做了一个众人吃惊的决定，即从就读了多年的茱莉亚音乐学院辍学，去到哈佛大学攻读人类学。

马友友的妈妈卢雅文，也是一位艺术家，她在《马友友和他们的朋友们》一书中曾如是写："他从小就充满爱心，不分种族和肤色。"或许，这是他做这一决定的原因之一。

在哈佛就读期间，为了更充分地研究人类，他阅读了很多关于人类学的书籍，用自由的时间去探讨想知道的关于人类的所有问题。虽然从哈佛大学毕业后，他又重新回归大提琴演奏，但是，这段"突然间的自我"让他的音乐有了更高的造诣。就连乔布斯都曾说:"他的演奏有如上帝驾临,听的人总能被他的琴声感染,眼眶湿润。"

2011 年,他获得了美国平民最高荣誉总统自由勋章。

近几年,他又开始了巴赫计划的环球之旅,用音乐去接触不同的民族、不同的人群。

诚如他自己所说:"每个人,都有各自独特之处,都有其美的特质,这是我希望探寻的。"

在我心里,能于看起来不怎么艺术的房地产销售领域中,抓住自己的独特、自己的潜藏气质,畅快地做自己,就是一件特别酷、特别帅、特别有魅力的事。

如果你接触过一些销冠的话,你也会惊讶地发现他们都是特别敢于做自己的人。

至少,我从没有接触过完全服从领导安排、按部就班的销冠。

凡我接触过的销冠,一定是有一套自己的工作方法、销售方法、沟通方法,尊重自己,也懂得如何表达自己。

令我最觉可惜的是,那些拥有上好天生条件的销售人员,比如情商很高,气质很好,有不错外形条件的女孩子,或者智力很高,处理事情很勤快的男孩子,他们却不自知自己的天赋,反而任意践踏了自己的这份天赋,让自己流于形式,归于大流,被同质化。

如此，天分再高，也趋于平庸了。

因为，他们不仅放弃了做自己，亦放弃了劈浪前行的可能。

领导安排什么工作，就做什么工作：让打电话邀约客户，就打电话；让给客户发统一的微信问候，就群发问候；让发图片模糊的朋友圈，客户都不做区分就群发朋友圈。每天，早9点上班，绝对不会在9点01分到；晚8点下班，绝对不会待到8点01分。

即便上级领导的做法和安排不合理、不高效，也不会直接指出来，而是默默承受，默默去完成，从不考虑自己为什么要这么做，也从不思考是否有什么替代方案。明明知道自己正在做着跟别人一样的同质化工作，但从不会让自己停下来，而是默认自己按部就班，像机器一般运转着。

……

看似在百分百投入地工作，其实，内心早已失去了做下去的兴趣。

看着他们这样，有时真的会生出"恨铁不成钢"的心。

真的，若他们能够做自己，收效绝非当下这般平庸。

人们说，人生最大的遗憾就是，我们终于成了别人期望的模样，而遗忘了最初的自己。

确实如此。

做事情的自发性，真的很重要。

当初的马友友，若不从茱莉亚音乐学院辍学，选择去哈佛大学攻读人类学，那么，他的音乐应该不会如此俘获人心。因为，当初他去攻读人类学，就是不想让自己沦入常规的音乐教育模式里，他要自己辟出一个出口，即弄明白音乐和人类的关系，如此，在更深层次地理解了人类，理解了社群，理解了我们从哪里来，音乐又应该在人类社会中发挥什么作用时，他的音乐自发性地得到了升华。

说来，他的这种自发选择，也是一份自我的劈浪前行。此处，劈浪前行，不是毫无顾忌的勇敢，而是跟着内心有秩序地前进。

所以，做任何事情之前，一定要先低头问一问自己的感受，自己的想法。

著名主持人蔡康永，曾如是说："红灯停绿灯走，这是我们都要听从的，因为只有这样，我们才能安全顺利地在马路上通行。但我们的内心不是马路，在我们内心通行的，只有我们自己。我们该为自己建立内心的交通规则，我们要认得出我们的红灯与绿灯。"

说得温柔而犀利。

但是，却最言之凿凿，一针见血。

所以，面对同质化的项目、同质化的工作时，请记得一定要做自己！

把自己当回事儿，做自己，劈浪前行，你会发现自己会比以往更专注，更美好，也更喜欢自己。

所以，即便当一个打工人，也要去做一个有自我思考、劈浪前行的打工人！

顺风不浪，逆风不怂

人生如海中行船，遇到顺境，遥望远方，处之淡然；遇逆境，不畏风浪，处之泰然。顺风不浪，逆风不怂，这才是最好的人生活法。

季羡林曾说："在这复杂世界里，我们应该拥有认真过好这一生的四种能力：得自在、知孤独、记初心、要豁达。"

人生如同海中行船，不可能每年每日每时都一帆风顺，有时顺境，顺风顺水名利双收；有时逆境，狂风四起，苦心苦力被人质疑。但是，我认同的是季老的活法，顺风不浪，逆风不怂，好的心态才最重要。

我有很多人生的高光时刻。

最辉煌的时候，我是项目里连续的销冠，一个人能卖掉整个项目四分之三的业绩，领导赏识，同事羡慕。另外，我还经常被邀请去给很多机构做培训，是获得了很多掌声的人。在外人看来，我是风风光光，顺风顺水的。

但是，我却时刻保持警醒，清醒地认识到自己很多的不足，也深深明白距离更优秀的销售冠军自己的知识储备还远远不够。我，还需要更持续、更深入，也更专注地学习。所以，每时每刻我都提醒自己保持谦卑，每天都在提醒自己日日精进，不可在顺境中变得骄傲，不可因别人的夸耀而膨胀，更不能傲慢张狂，变成一个连自己都不认识的人。

我太知道如果一个人享受顺境，那么，在不久的将来一定会在顺境中摔跤。

顺境中的摔倒，比逆境中的摔倒，更痛。

因此，在顺境中，我会更加心怀感恩，尽自己所能帮助身边的朋友和家人。每当拿了奖金，我会第一时间打电话给母亲，跟她分享自己的成长和收获；我还会给身边的好朋友买好的东西，感谢他们的陪伴和鼓励。

上大学时，我有一个关系特别好的同学。她学习非常努力，生活上一向很朴实，我们都用上智能手机时，她还在用一款老式手机。当时，我心里就想等毕业挣钱后一定让她用上智能手机，因为她值得拥有更好的东西。毕业后，我得了销冠拿到一笔不菲的奖金，第二天我就去了手机店，买了一个智能手机送给了她。我要感谢她曾陪我一起度过了那些美好的时光。

金钱，是无法永远留住的，但亲情和友情却能长存。它们，可以在顺境时给我们美好，更可在逆境中给我们前行的力量。

顺境时，千万不要让成功的喜悦冲昏了头脑，得意忘形，一切以自我夸耀为中心，那么顺境过去时，我们会发现自己其实已经退后很远很远。

顺境时，我们看阴天也舒服；逆境时，我们看晴天也是讨厌。

顺境，容易让人迷失；逆境，容易让人丧胆。

若有人能始终伴左右，顺境、逆境亦是不会有怕的。

我也会经历一些逆境。

2017 年 3 月 26 号晚上，北京市住建委等 5 部门的官方微信号发布了《关于进一步加强商业、办公类项目管理的公告》，调控对象直指商住房，政策里有两条是客户最接受不了的：一是，用公司名义才能购买；二是，必须全款购买。另外，屋内不允许通上下水，这就完全回归商品房的办公属性了。换言之，在客户看来，其被堵住了所有投资的路。

在客户悲观于投资失败的同时，我所有从事商业地产销售的同事也都慌了，都觉得这商办房以后没法干了，还是去卖住宅房靠谱。

而购买商办房的业主也慌了，纷纷打来询问的电话。

当天晚上，我正和朋友们一起吃饭。

凡事，都有路！

所以，我并没有慌，而是冷静地分析这个政策。其中一条是，北京以后将没有 500 平方米以下的商办房。

如此说来，现在有的小面积商办房，岂不成了非常稀缺的资源？

卖一套，少一套，对客户而言，这不是可见的商机？

于是，我马上跟关系比较好的几个客户纷纷致电，告诉他们："您的房子，投资非常成功。看到新政了吧，以后在北京地界，开发企业新报建商办类项目，最小分割单元不得低于 500 平米，您之前投资买的小户型就太合适了，未来成为绝版户型，增值空间很大。"

客户听我这么一解读，纷纷认同，有几个还接着从我手头的项目中又购买了几套小户型。

所以说，对于政策的解读，你一定要多纬度去看，不要只盯令人悲观的一面。所有事情都有多面性，政策也是这样。

新政前，商住房一年成交 67673 套；新政一年后，成交仅仅 3000 多套。

这，真是断崖式下降。

即便如此，我也没有一丝一毫动摇过信心，反而，更坚定了。

因为，我笃定地知道，当所有人都逃时，反而是自己的机遇，哪怕蛋糕已小。

确实如我所料，一切都向好。

疫情最严重的时候，我反而接到了邀请。位于房山良乡大学城的项目，邀请我的整个团队去售卖，这于我、于我的小团队而言，真的是非常荣幸的。因此，那段时间我和团队小伙伴都在全力以赴地去售卖这个项目。

休息日，不休；夜晚一两点钟下班是常事。

收获，亦是惊喜的，不到 3 个月的时间我们竟然卖掉了 300

多套房。

这在举步维艰的商业办公房被限的情况下，是个不小的奇迹。

不过，这个逆境的坎儿有点长。

我们的销售业绩虽然是可喜的，但是，开发商却有些不给力。去年销售掉的房，本应今年交房，却因各种原因无法按时交房。起初，很多客户是去找甲方解决的，但是无果。后来，便纷纷转向我们这个团队。

尽管我和我的团队第一时间跟甲方协商，但是，我们毕竟不是主导，这实在是自己能力范围之外的事，即使我使出了各种办法，也没能最终将这个事情解决好。于是，愤怒的客户将所有的矛头都指向了我。

从2021年3月份开始，我就经常在晚上收到恐吓电话、恐吓信息。

原因无他，他们武断地造谣我联合开发商诈骗他们。其实，当初因为很看好这个项目，我也在这个项目买了房子。

但是，在问题没有得到解决时，没有谁会真的在乎你的解释。

在忍耐了半年多的恐吓、威胁后，我最终决定拿起法律的武器来保护自己。我决定将恐吓、威胁我的客户告上法庭。

从业多年，这是我最不愿意看到的一面。

但是，面对如此局面，我一定不能怂。不是我的过错，我不应该怂着接受。

其实，在选择任何一个售卖房产项目时，我都会提前做很多调查。

不做一个周密的调查，我是绝不会轻易地加入一个项目的。在我的可控范围之内，我一定会尽可能通过自己的调研来规避掉一切能规避的风险。从业这么多年，我始终坚持的原则都是——只有自己相信和认可的项目，才会售卖给客户。

但是，世事哪会全都可控，无论再小心谨慎，也会敌不过无常的发生。

面对这种困境，很多销售人员或许因没有足够的勇气和金钱去解决，而会选择逃避、转行，也会心生自我怀疑、自我否定，甚至整个生活轨迹因此被改变。但是，我不允许自己选择逃避，逃避解决不了任何问题。

因为，只有用正确的方法去直面应对，才能够把危机化解。

经历逆境不可怕，可怕的是你认怂。

凡事，都有解决的方法，未愧于人，一切都会有正解。

这，是我笃定的，亦是我一直坚守的。

一个人吃的苦越多，越容易成为人上人，如果你希望自己能成为一块美玉，就要敢于接纳逆境中的雕琢。在我看来，这话就是至理名言。

所以，不要怕逆境的到来，更不要在逆境之中生怂，要迎上去，直面挫折和打击。

如此，当你选择勇敢面对时，熬过艰难时刻，再回首时，你会发现在成长道路上你又收获了一枚抵御逆境的盔甲。

人生如海中行船，请以平常心、豁达心对待逆境，如此，人生定能登高望远！

格局有多大，得到的就有多多

一个人的眼界，决定了他的世界；一个人的格局，决定了他的结局。

我在售卖房山的项目时，遇到了一位领导，他让我见识到了何谓"格局"。

大家都亲切地叫他胡总。

他是一个特别风趣的人，不仅学历高，还有很深的情怀，尽管身处高层，但是为人待物姿态都放得很低。

和他接触，真的如沐春风。

如果遇到开发商没有按时交房的情况，每个人都很苦恼。这时，一般领导都会刻意把这段空档期安排得满满的，让员工始终处在一个高饱和状态。

但是，胡总不会，他会跟我们说，你们上上网，看看新闻，放松放松，释放下压力……诸如此类。如果，看到状态不好的员工，他还会去跟员工谈心，等其心情好了才去谈工作。

说实在的，在商业地产这个行业里，很少有领导会关心你的心情，大多只在乎你的产出和业绩。

所以，胡总在我们商业地产界也是出了名的好领导一枚。

于我们销售而言，他似瑰丽的奇葩一朵，可遇不可求！

他还非常善于学习，我从他身上就偷偷学到了很多有价值的观点。

这些观点，更影响了我后期在销售方面的价值观念。

后来看，这些价值观点，就是格局。

有很多人，会比较短视，只看重眼前的利益、眼前的结果，以及自己手里的一亩三分地，但是，却没有看到若真的打破了自有固有的那份小格局，我们的提升将会是怎样的突飞猛进。

提到格局，大家都能论个一二，但是，怎样的心态才是大格局呢？

格局大的人，都喜欢赞赏，也能包容。

说白了，大格局就是大胸怀。

能够赞赏他人的人，皆具有包容的德行。

这一点，我从胡总身上总能看到。也因此，我于潜移默化中学到了这一点。

所以，当见到同事销售业绩好时，我们一定要去赞美他，跟他一起开心，第一时间与他庆祝胜利。切记，不可有嫉妒之心，而因此在背后恶意诋毁他人，这不仅拉低了自己的身价，也会让自己失去了进步和学习的空间。

学会赞赏和欣赏他人，就是做人的格局。

同样，当我们面对他人的无端挑衅、中伤，乃至攻击时，我们一定不要陷入仇恨之中，而是要能够从容地面对别人的诋毁，以不急不躁、不暴不怒的心态，理性地用正确的方法来保护自己。

有这么一则寓言故事：

一头骆驼，在沙漠里行走时不小心踩到一块碎玻璃。

骆驼很生气，于是抬起脚狠狠地将碎片踢了出去。结果，却把自己的脚掌划了一道口子。随后，没过多久鲜血的味道引来了空中的秃鹫和附近的野狼，它们一起围攻这个骆驼。骆驼在逃亡的路上，又不幸闯入到一处食人蚁的巢穴，最终，被黑压压的一大片蚂蚁团团围食。

临死前骆驼都没想到，一块小小的玻璃，最后竟让它丢了性命。

所以说，人生路上，既然不可能事事如愿，不如学会释然。与其斤斤计较，不如学会淡然处之。

反之，在成大事的过程中，若遇上了不好的人，做到及时止损最重要，但一定要保有度量、胸怀，如此，一定可海阔天空。

有一个叫史瑞乔的商人，生意一直做得很不错。

但是，突然有段时间门店的生意越来越少，反而，斜对门的那家店突然火爆起来。不仅如此，这时还不断有顾客上门投诉，说他的货有质量问题。

但是，史瑞乔的确没给对方发过任何货。

后来，经过调查他才发现了真相。

原来，对门店铺的老板买通了电话局的接线员，把史瑞乔的订单偷梁换柱全给了他。员工知道后，都非常愤怒，要求史瑞乔起诉对门店铺老板和接线员。但是，史瑞乔并没有这么做，而是在想另外一个问题："要是能实现电话自动转接就好了。"

随后，他就开始研究如何让电话自动转接，于是，世界上第一台"自动电话交换机"便诞生了。

面对别人背后的暗箱操作，史瑞乔没有被仇恨冲昏了头脑，反而是用积极的方式去解决，不仅让搞小动作的人无地自容，更让自己名利双收。

如此看，格局大的人，都是懂得舍得的人，不斤斤计较得失，反而获得广阔天地。

法国大文豪巴尔扎克有一句名言："从生活中攫取东西，几乎是一种天性，但是很少有人愿意把到手的东西归还生活。"

有舍，才有得，但是，我们往往只想着得到更多，却很少松手舍下。

其实，真正能放得下的人，才真正有魄力、有气度。所以说，想要成大事的话，一定要懂得人生需要放下的智慧。

做房产销售，也是如此。

别把欲望和目的写在脸上，我们可以目的性很强，但别因着金钱的欲望，紧紧盯着成交，先把挣钱的心态放下，把服务和讲解做好，把每一个客户服务好，再回到成交上。事实上，若我们如此做了，就一定能收获更多的客户与资源。

此外，格局大的人，皆拥有仁爱之心。

不管是儒家，还是道教、佛教，皆教人向善、向美、向真。同理，我们不管是接待客户，还是结交朋友，亦需要具备同理心。

比如，来到售楼处的想买房的客户，有些真的条件不是特别好，资金不是那么宽裕，这时，我们作为销售人员，一定不要只盯着自己的佣金，而应站在客户的立场去考虑，他们到底需要什么类型的房子。成交以后，即便我们在金钱上帮不了客户太大的忙，但是，我们可以以自己力所能及的方式以表感谢，感谢他们对我们销售的工作支持，类似为客户买张加油卡，等等。

如此做了，相信你的客户在心理上一定会觉得比较舒服。

这次购房，于他而言，绝对如沐春风一般。

格局大的人，皆有强大的内心，有傲骨却无傲气。

格局大的人，有不屈服权势的傲骨，亦有正视自己不足的勇敢。他们，会积极地接受他人的意见，也会不断自我反省，让自己不断进步。比如，回到我们销售这块，接待客户时，在有格局的销售人员眼中，无论是什么身份的客户，自己的接待都有姿态、有原则；跟领导相处时也是，有格局的销售人员，绝不会太过谄媚，对就是对的，错就是错的，即便领导犯错也会直接指出来；对待下属时，有格局的人，内心始终是坦荡、坦诚的，不装腔作势，若做错事也一定能诚意道歉。

以开阔的心胸，平等待人，严格要求自己，让自己积累巨大的能量。

格局大的人，目光总望向远方，不为眼前的一点点利益失去做人的底线和原则。

站得高才能看得远，只有当我们把眼光放长远时，才能在一个高度上对大局运筹帷幄。

很多人，只在乎眼前的利益，挣下今天的钱就不去在乎明天挣不挣钱。其实，卖东西不管是昂贵的房子，还是便宜的手机壳，我们卖的不是产品而是售后。话说回来，万科的房子为什么能卖得好？还不是因为万科卖的就是物业。

我们有一句谚语，这么说："再大的饼，也大不过烙它的锅。"意思是说，一个人的成就，他的人生是否能烙出满意的"大饼"，完全取决于烙"饼"的那口"锅"。

所以说，一个人的眼界决定了他的世界，一个人的格局决定了他的结局。

作为销售人员的我们，更要谨记此！

时间，是最好的证明

世界上，最快而又最慢，最长而又最短，最平凡而又最珍贵，最轻易被人忽视而又最令人后悔的，是时间。

在性格颜色属性里，我属于黄色性格，加上星座是金牛座，所以，我说话直接，讨厌啰唆，很多人觉得跟我打交道特别简单，也很节约时间。

确实，时间对于黄色性格的金牛座而言，是比金钱更宝贵的。

也因此，每遇到大的工作转折点时，我都首先问自己一句话，是否对得起当下的时间。

对于时间观念，我仿似天生就具备。

很小的时候，无论功课多么忙，我都会每天要求自己抽出 1 个小时来练习书法。

确实，在时间的见证下，我不仅在很多书法比赛中获过奖，而且到现在书法还在滋养着我。尽管，我并不曾想过用书法养活自己，但书法已成为我生命的一部分。这，亦是我在时间里坚持做一件事情所结的果。

刚大学毕业的时候，身边很多人选择从北京回老家。

他们，或考公务员，或进体制内，过起朝九晚五的工作，尽管每月只挣四五千元，工作内容也是千篇一律的，但是，他们乐此不疲。

对于一直视时间为生命的我，早就看到这种一眼望到底的生活有多可怕。

于是，我排除一切压力，毅然决然地选择留在北京，并且，还义无反顾地进入被所有人都不看好的房地产销售行业。

但是，有一点，当初我选择进入任何行业，都不会盲目地选择。

我当然有看到房地产行业的宽广天地。

我亦笃定在这个行业里，我一定能闯出一片天地。

结果证明，我的选择是对的。

十多年间，我没有浪费一分一秒的时间，每一个时间里都有属于它的一席之地，因此，我不仅挣到了钱，还因此拥有了属于自己个人的口碑，以及遇见了一群志同道合的小伙伴，做着自己喜欢的工作，过着自己想过的生活。

这当然是时间馈赠给我的。

而在时间里，我珍惜每一分每一秒，亦努力于每一分每一秒。

现在，一些跟我一起进房地产行业的销售同事，有的人还在做着销售，有的人晋升到管理层，有的人则早已放弃，而我，却在房地产销售领域找到了一片自己的天地。

在时间里，我坚持了十年，亦完成了自己人生的蜕变。

如果你问我，你的这十年是如何度过的呢？

我的回答是，时间是最好的证明！

这是因为，在这十年间，我是无所畏惧的，是加倍努力的，不轻易浪费时间的。

尘世之中，我们是在时间里行走的，一切都应以时间价值作为衡量标准。

鲁迅先生就是一位非常珍惜时间的人。

小时候，他为了督促自己而在桌子上刻上"早"字。小学教科书上的那篇《从百草园到三味书屋》，我常常拿来诵读，每次读都有新意，每次读都会为鲁迅先生珍惜时间的事迹而感动：在日本留学时，他把别人喝咖啡、谈天的时间，都用在学习上；学成归国后，他白天做学校的教学工作，晚上夜深人静时写文章，常常一写就写到天亮。他写出的《朝花夕拾》《狂人日记》等名作，我学生时代读时是一种感受，现在读更觉其作品的伟大，每句话他都是经过了很多雕琢的。

去世前三天，鲁迅先生还在为一本苏联小说写序言；去世的前一天，他还写了日记，直到最后去世的时候他都没有浪费时间。

在他北京的家中，书房里挂着这么一副对联：上联是"望崦嵫而勿迫"，意思是看见太阳下山了，心里不曾感到焦急；下联是"恐鹈鴂之先鸣"，怕的是一年又去，报春的杜鹃鸟又早早啼叫。

小时候刚接触书法和美术时，我非常喜欢齐白石的画作。

几乎生活中能见得着的事物，都被他拿来当画的素材，比如，虾蟹、牡丹、菊花、牵牛花、大白菜……他几乎无所不画，无时不画，且画作形神兼备，韵味无穷。虽然已经是名扬天下的一代宗师，但是，85岁的他还写下如此四幅条幅，题诗曰："昨日大风，心绪不安，不曾作画，今朝特此补充之，不教一日闲过也。"

如此可见，大师对待时间的敬意是何等的深浓。

从业十年间，我也未曾"一日闲过"。

即便在休息日，我也会把时间安排得满满当当，日日精进。因为，总觉不足，总觉亏欠。

十年间，我如果没有好好对待时间、善待时间，我想我会变成另外一个人。首先，事业不会这么成功；其次，也不会得到来自任何人的掌声。

时间，真的会让一个人蜕变的。

身边人，都觉得我变化最多，拥有了自己的团队，打拼出了令人羡慕的事业，也在房地产销售行业有了一定口碑和名气，妥妥的人生赢家一枚。

但是，于我，生活还是自己的那个生活，工作还是自己热爱的那份事业。

身份虽变，但内心未曾有丝毫改变。

在从小熟悉我的朋友眼里，我仍是那个充盈着童真和梦想的李启畅。

我始终相信，保有初心，就一定不会在时间里变坏。

下一个十年，我想在这个行业里帮助更多地产经纪人、销售人员，让更多的人能在工作中找到乐趣，找到销售的独有技巧。

这，亦是我开展培训课的初衷。

曾经有一位接受过我培训的小姑娘对我说："听了你的培训课，感觉自己心态上发生了很大的变化，以前总把自己逼得很狠，无形中也失去了做这个行业的初心，经常觉得客户不配合、不靠谱。但是，自从接受了你的培训，又重新找回了那颗初心。另外，因为自己想在北京有一个属于自己的家，即便自己暂时没法实现在北京买房的愿望，但我可以帮助别人在北京有一个家。"

我想，这就是时间给予的最好的证明。

在时间的磨砺里，我拥有了洞见客户的技能和实战经验，我完成了多个层面的自我修炼，接下来，我将把时间给我的最好馈赠，赠予别人。

在有效的时间里，做个快乐的工作人！

感谢遇见 ❤